U0636665

职业教育教学与人才培养研究

程伟超◎著

北京燕山出版社

图书在版编目（CIP）数据

职业教育教学与人才培养研究 / 程伟超著 . -- 北京：
北京燕山出版社 , 2023.8
ISBN 978-7-5402-7044-5

Ⅰ . ①职… Ⅱ . ①程… Ⅲ . ①职业教育—教学研究②
职业教育—人才培养—研究—中国 Ⅳ . ① G712.0
② G719.2

中国国家版本馆 CIP 数据核字 (2023) 第 180111 号

职业教育教学与人才培养研究

著者：程伟超
责任编辑：战文婧
封面设计：沈莹
出版发行：北京燕山出版社有限公司
社址：北京市西城区椿树街道琉璃厂西街 20 号
邮编：100052
电话：86-10-65240430（总编室）
印刷：天津和萱印刷有限公司
成品尺寸：170 mm × 240 mm
字数：203 千字
印张：11.25
版别：2023 年 8 月第 1 版
印次：2023 年 8 月第 1 次印刷
ISBN：978-7-5402-7044-5
定价：69.00 元

前　言

　　职业教育虽然与普通教育存在区别，但同样重要，是现代化建设的重点内容，有助于人才培养，进而促进就业，满足社会发展需求。纵观全球发达国家当前的管理建设，纵览其发展历史，无不发现科技进步、工业化建设都有赖于职业教育。随着教育体制改革的深化，职业教育建设作为国家重要战略持续推进。当前，我国职业教育进入一个新的发展阶段，正在构建新发展格局，实现新的目标，集中表现在"十化"方面，即类型化、体系化、协同化、标准化、制度化、优质化、信息化、绿色化、国际化、现代化。

　　改革开放以来，特别是党的十八大以来，我国坚持立德树人根本任务，秉持社会主义办学方向，构建了全球最大规模的现代职业教育体系，培养了超过 2 亿名技术技能人才，优化了教育结构和人力资源结构，为民生和经济社会发展提供了强有力的支持，并取得了全球瞩目的成就。随着经济全球化趋势不断增强，国际分工格局深刻变化，产业升级步伐日益加快，各国对技能型人才需求持续增加。在推进全面建设社会主义现代化国家的新征程中，我们以教育发展的新布局和高质量发展的新要求为指导，积极加快职业教育现代化进程，致力于培养更多高素质的技术人才。这既是时代赋予我们的使命，也是广大职教工作者义不容辞的责任。2022 年 5 月 1 日，新修订的《中华人民共和国职业教育法》正式实施，这一里程碑式的事件标志着我国职业教育进入了一个全新的发展阶段，更加成熟、稳健、规范。高职院校作为培养技能型专门人才的摇篮，肩负着重要使命。在新的历史时期，随着社会的不断发展和对高职人才培养要求的不断提高，我们必须根据教学大纲和市场需求，合理制定教学目标，完善教学制度，并改进教学策略，以适应时代的要求。通过构建以实践能力为主线、知识与素质并重、专业素养为本、校企合作共赢的新型教学模式。通过规范和引导教学工作，提升学生的综合技能水平，为社会培养更多杰出的人才，从而推动教育事业的发展。

本书共五章内容。第一章为职业教育概述，详细介绍了职业教育的发展历程、职业教育的系统；第二章为职业教育教学的标准开发，介绍了职业教育教学标准的现状，职业教育教学标准开发的原则、方法和途径和职业教育教学各主体标准开发；第三章为职业教育的教学与课堂，论述了职业教育教学的探讨和职业教育的课堂生态；第四章为职业教育的人才培养，主要内容包括职业教育人才培养目标、职业教育人才培养制度以及职业教育人才培养改革案例；第五章为职业教育人才培养的发展，介绍了加强人才培养的教师队伍建设、加强人才培养的教育体制机制以及加强人才培养的政策支持。

　　在撰写本书的过程中，作者得到了许多专家学者的帮助和指导，参考了大量的学术文献，在此表示真诚的感谢。本书内容系统全面，论述条理清晰、深入浅出，但由于作者水平有限，书中难免会有疏漏之处，希望广大同行及时指正。

程伟超

2023 年 2 月

目 录

第一章 职业教育概述

我国在 21 世纪迎来了实现现代化和全面社会进步的重要历史时刻。在此背景下，我国国民经济持续快速增长，人民生活水平显著提高，但与此同时也出现了严重的就业压力问题。随着国家提出的转变经济发展模式、推进新农村城镇化建设、推进新型工业化进程，以及加快现代制造业和现代服务业发展等战略的实施，我国随之进行产业转型升级、行业技术不断创新和企业经营深度调整，这对高素质劳动者和实用技能人才的需求变得更加紧迫，这也对我国职业教育的发展提出了更高的要求。本章主要内容为职业教育概述，详细介绍了职业教育的发展历程和职业教育教学系统。

第一节 职业教育的发展历程

一、职业教育发展历史背景

（一）职业教育发展的历史背景分析

进入 21 世纪以来，经济全球化导致了经济结构性变革和经济方式的转变。随着制造业地位的不断上升，对人才特别是技能型人才的需求提出了新的要求，世界各国在激烈的国际竞争中，纷纷出台新的国家发展战略，并将人才特别是技能型人才的培养作为国家发展战略的重要组成部分，国际组织也纷纷出台政策促进各国人力资源开发和技能人才培养。

1. 国际产业和生产要素的转移

在金融危机的冲击下，经历了数十年去工业化的发达国家开始推进再工业化，寻求实体经济的回归。由于金融危机的影响，发达国家普遍陷入了失业率上升、信贷增长乏力和财政状况恶化的困境。与此同时，全球经济也遭受重创，国际市场需求大幅下降。为了尽快摆脱阴影，恢复国内经济增长并降低失业率，我国提出要加快转变经济发展方式，大力实施"走出去"战略，大力发展战略性新兴行业，培育新的经济增长点。在"再工业化"浪潮中，发达国家积极推动工业发展，优化经济结构，提高实体经济的占比，并积极鼓励制造业的发展；加强无形资产对经济增长的推动作用，推动高附加值新兴产业的发展，淘汰低技术含量、资源浪费和环境污染的传统产业，通过信息化实现工业化向高端制造、先进制造的升级，从而夯实国民经济的基础，重塑国家的竞争优势。

（1）重振实体经济

在全球化时代，拥有强大的制造业可以为国家经济的可持续发展提供强大的推动力。我国制造业目前还处于价值链低端环节，要想在国际竞争中占据有利地位，必须提高制造业的国际竞争力，而提高制造业国际竞争力的关键在于创新。其次，制造业国际竞争力的提升离不开技术创新的引领和推动。技术创新包括知识创新、工艺创新、产品创新及服务创新等内容。内生增长理论主张，技术创新是推动经济增长的主要动力，而"钻石"理论则认为，产业国际竞争力的主要影响因素在于其创造能力。在高新技术领域中，发达国家凭借其雄厚的研发实力及先进的生产设备、完善的管理方式和成熟的市场体系，已经取得了竞争优势。发达国家跨国公司通过在全球范围内布局高端和技术优势产业，垄断全球 70% 的技术转让和 80% 的新技术、新工艺。因此，在全球化背景下，各国都把技术创新作为国家战略。为了使我国成为全球制造中心之一，我们必须以技术创新为引领，探索新型产业的发展之路。

（2）教育和研发的强化

重视高素质人才和产业工人的培养是提升国际竞争力的源泉，发达国家在"再工业化"的过程中，十分重视人力资源的开发，不断加大教育和研发投入。如美国投入大量资金作为教育科研投入，重振了美国的科研实力并使劳动生产率增速。英国通过减税政策推动研发和教育事业，提出 72 项建议，进一步推进技术人员的培养，给予制造业教育培训以及研发支持，帮助企业培训员工，提高劳工技能。日本提出了一份名为"技术革新战略路线图"的计划，旨在加强研发体制的创新，同时推出了"产业集群计划"，以促进"产官学"人力资本网络的形成。

为了确保国内学生能够接受充足的科学教育和工程培训，欧盟鼓励学生积极参与科学和工程领域的学习，并通过提供无息贷款等方式来推动科技教育和培训的普及；政府与企业紧密协作，对新兴职业技能进行认证，并有针对性地提供财政激励，以鼓励企业为科技领域的毕业生提供实习机会。

（3）面临的挑战与机遇

金融危机后发达国家发展方式转变及其带来的国际经济格局变化不可避免地对我国的发展产生重大影响。一方面，随着制造业的回流，我国承接中高端制造业的步伐逐渐减缓，这对我国制造业的升级带来了相当大的挑战。国际制造业，特别是中高端制造业向中国转移的趋势逐渐减弱，我国制造业升级的进程将受到阻碍，这将阻碍我国制造业吸收国外先进制造业的核心技术。

另一方面，随着中国劳动力成本的不断攀升，其他发展中国家也开始认识到制造业对中国发展所带来的巨大成果，纷纷效仿中国利用劳动力成本低廉的优势，积极推进制造业的发展，大规模地夺取"中国制造"的市场份额。随着时间的推移，中国的劳动力成本优势正在逐渐流失，导致许多跨国企业不得不将劳动力成本转移至东南亚地区。因此，要想保持我国制造业的持续竞争优势必须提高劳动者素质。在全球制造业的竞争中，技能型人才将成为影响各国竞争力的至关重要的因素，这将直接影响各国在全球市场上的竞争力。因此，我国要加快建设具有国际竞争力的现代化制造业体系，就必须加强对技能型人才队伍建设问题的研究。在产业经济日益知识化的进程中，现代制造业、技能型人才和职业教育已经形成了一种紧密的合作关系。

随着时代的变迁，一个国家获取和运用技术及知识的能力已成为经济发展的关键因素，而技术创新和知识充分运用则成为竞争优势的关键所在。在此背景下，制造业的创新能力和技能水平会受到严格训练的劳动力队伍的影响，这直接关系到各国制造业的创新程度、企业的竞争力以及产品的质量。我国要想提高国际竞争力，必须大力培育高素质劳动者队伍。作为技能型人才的培养主体，职业教育将成为推动国家制造业发展的核心引擎。发达国家通过建立完善的职教体系，为本国的产业升级提供强有力的人力资源支持，从而促进本国经济快速健康地增长。全球产业竞争的本质在于各国职业教育人才培养的新一轮角逐，这是一场充满挑战和机遇的竞争。

面对日益激烈的国际竞争，我国需要充分利用丰富的人力资源优势，重视高素质劳动力的培养，加强职业教育的改革与发展，尽快将我国的"人口红利"转变为"人才红利"，使我国在世界竞争格局中保持持久、稳定发展。

2. 对人才需求的新要求

（1）技能人才出现结构性短缺

技术与全球化重塑了全球各国的经济，各国市场和行业出现了势不可当的变革，全球劳动力市场的供需矛盾日趋凸显，特别是金融危机后，失业率居高不下，而雇主却面临着高素质劳动力日益短缺的难题。这种劳动力供应与雇主需求之间的供需矛盾主要表现为人才的结构性短缺，特别是技能人才的严重短缺。

劳动力需求的结构性短缺，使中国、印度等发展中国家以不同的方式承受劳动力失衡的潜在影响。高素质劳动力的供应不足将延缓中国等发展中国家发展高附加值产业的步伐，并制约劳动生产率的提高，而劳动生产率的提高对发展中国家特别是中国经济增长的作用正日益凸显。

（2）科技创新和产品创新对技能人才素质的新要求

21 世纪，大量科技创新和产品创新正在涌现，社会变革速度进一步加快，人们生活和工作的各个方面将从根本上发生改变，社会发展和生产对从业人员的素质和技能提出了新的要求，不少职业岗位技能的内涵和外延处于不断分化与复合、提升与发展的变化之中。新的科技方式的涌现，推动世界技术技能普遍发展，所有的工作都可能数字化、自动化和进行外包，这些变化直接反映了市场对劳动力技能的新需求。

除了上述硬技能加速发展和不断变化外，在竞争日益激烈的今天，软技能越来越成为人发展的重要技能。为了适应不断变更的职业岗位需求，对于劳动者而言，学会学习的方法，具备自我更新知识结构、补充学科养料和拓展知识视野的强大能力至关重要。随着工作岗位的技术更新，技术复杂性加强，智能化程度提高，大批新职业迅速出现在社会生产和生活中，在知识爆炸和信息迅猛发展的当今，企业越来越青睐能有效整合信息、准确和创造性地使用信息，并不断寻找更好的方式方法、不断创新的人才。

（二）全球各国家职业教育发展模式和趋势

从世界各国特别是发达国家职业教育改革与发展的历史进程和趋势分析，目前世界职业教育的发展模式可以概括为四种：第一种是以美国为代表的融合式职业教育发展模式；第二种是以欧洲国家为代表的职业学校与企业合作培养模式；第三种是以澳大利亚为代表的不同教育类别衔接与沟通模式；第四种是以亚洲国家为代表的职业教育自成体系的发展模式。对这四种模式进行分析和评价，总结世界职业教育的共同发展趋势，可以为我国职业教育改革与发展提供经验和启示。

1. 融合式的职业教育发展模式

融合式的职业教育发展模式以美国为代表。美国的职业教育体系是普职融合的单轨制教育体系。从组织形式上看，没有独立的体系，不是孤立地游离于普通教育领域之外，而是融合在整个教育体系中。职业教育的课程和项目分布在各个阶段的教育系统中，通过课程植入和强大的学分互认及转换系统，实现对人的职业生涯与技术的终身培训。

美国融合的教育模式将职业技术教育贯穿于各级学校的普职融合体系，将综合中学、专业技术教育学校与培训班、社区学院、综合大学的职业技术课程相互融合，形成一个层次分明、纵横交错的职业技术教育网络。

美国职业与技术教育改革为了适应美国经济对人才需求的变化，美国教育部门实施了一系列改革措施，其中之一是制定了一份旨在为美国未来投资的职业生涯和技术教育改革的蓝图。该蓝图旨在通过提高学生就业技能来帮助他们适应新时代的工作环境并获得良好的职业发展前景。高品质职业教育的发展蓝图明确提出，必须注重结构的严谨性、要求的严谨性、内容的相关性以及目标的明确性。为了确保中等教育机构和中等后教育机构之间的衔接全面畅通，必须实现结构的严谨性，不仅需要科学有效的课程设置，还需要简单易行的学分转换；为了确保学术和专业的高标准，必须严格遵循标准并进行评估，以确保严格的要求得以实现；要求规范就是要建立一套完善的评价体系，对教学过程实行全程监控。为了更好地服务于学生的升学和职业发展，职业教育的教学内容必须紧密关注劳动力市场的变化，并有针对性地进行调整；职业教育的目标在于为学生提供升学和职业生涯的准备，以帮助他们在学习结束后获得行业认证、资格证书、中等后教育证书或学位，并为他们进入快速发展变化的劳动力市场做好充分的准备。

为确保职业教育改革目标的有效实现，政府针对当前所面临的诸多难题，提出了相应的应对措施。首要之务在于协调各方资源。政府应当将促进就业和提高劳动者素质作为重点工作内容。职业教育的进展必须与劳动力市场的动态变化相协调，以适应不断变化的劳动力需求。教育机构应当与行业企业和经济发展机构合作，共同实施职业教育计划，以帮助学生掌握技能并快速进入发展的行业领域，从而承担那些人才紧缺的专业职位。根据最新的法案规定，各州和经济发展部门必须共同明确快速发展的行业和紧缺的职位，并在此基础上有针对性地实施职业教育计划。

其次，需要各方共同协作。加强中等教育机构、中等后教育机构和行业企业之间的协作，以确保学术知识和专业技能的相关性和高标准，从而实现人才培养目标与劳动力市场需求的协调一致。职业教育办学联合体是一种合作模式，其中规定了行业、企业和劳动力机构参与合作的条件。

还需要进行有效的评价。为了提高学生的学术水平并帮助他们掌握专业及就业技能，必须明确执行标准并进行有效评估，以确保统一的评估要求得以贯彻。在此基础上，建立一个基于市场竞争机制与政府资助相结合的多元投入机制。为确保新法案下的评估机制更加高效地提升职业教育质量并保障职业教育的公平性，职业教育评估已将各州内的拨款方式从标准化向优化转变。在竞争激烈的市场环境下，将资金优先拨给那些能够有效地满足劳动力市场需求、推动当地经济发展、并有助于学生职业生涯发展的职业教育项目。

最后一条是鼓励创新。在推进各州职业教育改革的过程中，高度重视创新举措，积极支持和推广各地在职业教育领域中行之有效的实践方法。通过促进学校间合作关系的建立，形成良好的区域职教网络。通过整合学术与专业教学，提升学术标准，培养学生在职业生涯发展中的自我发展能力，加强中等和中等后教育之间的衔接；通过整合社会各方面的资源，推动职业教育的设计和发展更加贴近现实需求；为了提高职业教育的管理效率，需要加强各州办学的自主性，明确联邦政府和地方政府的权责，并进一步优化管理流程。

2. 职业学校与企业合作的发展模式

职业学校与企业合作培养技能型人才的发展模式以欧洲国家为典型代表，无论是德国和瑞士的"双元制"模式，还是英国的现代学徒制模式以及法国的工学交替模式都是通过职业学校与企业合作来培养技能型人才。本书主要以德国的双元制和英国的现代学徒制为基础，阐述这种发展模式的特点和改革趋势。

（1）德国的双元制模式

德国职业教育的蓬勃发展，源于其完善的职业教育体系、健全的职业教育法律法规、双元制的技能型人才培养模式、以行业协会为主体的管理机制以及综合交叉的职业教育网络，这些因素共同推动了德国经济的不断发展。

在德国的职业教育体系中，双元制被视为一种独特的教育体制，它是由职业学校和企业在国家法律框架下分工合作，共同完成人才培养的一种教育模式。双元制具有鲜明的时代特征和独特优势，对我国目前高职院校培养高素质技能型人才有一定借鉴意义。双元制的本质在于是一种将企业作为办学主体的体制，以职业能力为本位的培训模式以及以市场和社会需求为导向的运行机制之间的相互融合，从而形成了一种双主体的教育模式。

（2）英国的现代学徒制模式

20世纪70年代，英国开始了现代职业教育的探索与实践。在英国政府和社会教育机构的积极推动下，英国的职业教育在21世纪初焕然一新，形成了备受国际职业教育界推崇的现代化职业教育体系。它不仅为企业提供大量高技能人才，而且还通过与大学合作培养学生的方式实现了学生就业创业能力的提高。该体系已成为英国提升技术创新能力、增强国际竞争力的重要推动力，为其注入了强大的动力。这一体系对我国正在进行的"双一流"建设具有重大的启示意义。在英国的现代职业教育体系中，国家职业认证制和现代学徒制已经成为许多国家成功的实践经验，为其他国家提供了有益的借鉴。英国现代职业教育改革的中心是现代学徒制教育体系，该体系为14岁至26岁的年轻人提供了一种边学习、边工作的学习方式，既能获得职业资格等级证书，又能获得相应的工作报酬。现代学徒制的人才培养模式不仅提高了学生的综合实践能力，也培养出大量高素质技能型人才。随着人类社会进入后工业化时期，随着全球经济一体化和信息化时代的到来，英国的企业对从业人员的素质提出了全新的要求，传统的学徒制度已经无法适应现代生产方式的规模化发展。现代学徒制将以传统手工业为基础的职业培训制度向新兴行业（如IT产业、先进制造业、现代服务业等）扩展，将学徒培训与国家职业资格制度相融合，从而为学徒培训的质量评估提供了可靠的基础。它通过政府政策支持、行业协会指导、校企合作培养以及完善的法律保障来促进现代学徒制健康有序地开展。英国职业技术教育在现代学徒制的推动下焕发出新的生机和活力。

在当代的学徒制中，学徒是一种双重身份的存在，作为学生，他们每周的前三分之一或二分之一在学校接受理论课程的教育；作为学徒，他们每周的后三分之二或二分之一都会与员工们一同在企业中进行实践操作，以锤炼自己的技能和知识。在教学过程中，理论课程占主导地位，而实训课则主要以完成任务为主。因此，学徒必须获得相应的职业培训资格才能参加学徒活动。现代学徒制的目标在于培养具备高素质技能的人才，除了为雇主提供职业人才的培训，以帮助学徒掌握技能外，还鼓励学生从最基础的技能开始，通过职业资格证书和学历证书的相互衔接，前往高等院校接受继续教育。为促进现代学徒制的发展，近年来，英国政府实施了一系列创新措施，包括设立"国家学徒制培训服务中心"，制定学徒制培训的规格标准，将学徒制纳入公益性政府资助范畴，并设立常设高等层次学徒基金项目等。

英国的现代学徒制度是为了满足国内外政治、经济、科技等方面的需求而产生的成果，其在全球范围内具有领先和示范作用。国家将培养学徒视为国家行为，而非个人行为和行业行为，建立了学历证书和职业资格证书并行的体制，为中低端学徒向中高端学徒的晋升开辟了道路，这一经验值得我国职业教育改革与发展借鉴。

英国的职业教育在很大程度上反映在其职业资格制度上，无论是高中阶段还是高中后阶段的职业教育，都以获取相应的资格证书为教育教学的目标之一。英国的职业资格制度包括国家资格框架（NQF）、国家职业资格证书（NVQ）、资格与学分框架（QCF）。

国家资格框架体系（NQF）。国家资格框架体系是英国国家层面建立的一个囊括所有资格以及证书的大体系，该体系把对学员要求一致的资格等级放在一起，同一等级包含很多学科领域的证书。国家资格框架还体现了同等资格如何转换以及低等资格如何向高等资格上升的内容。国家资格框架中的所有资格证书都必须经过英格兰、威尔士和北爱尔兰的管理机构认证，才能由相关授权机构颁发。

国家职业资格证书（NVQ）。在英国国家资格框架体系下，存在许多子系统，这些子系统均以国家资格框架体系为基础，开展相关职业教育和培训，颁发相关证书。其中职业资格证书主要有国家职业资格证书。英国政府颁布的教育法案明确规定，职业教育资格证书与普通学历证书在接受职业教育的不同层次上被划分为五个等级，并享有同等地位，实现等值互通。在我国，国家已经开始实行全国统一的中等职业学校毕业生就业准入制度和"三证合一"考试考核制度。符合NVQ3 及以上职业资格认证条件的年轻人，可凭借此资格参加普通高等院校的招生考试，以继续完成其高等学历教育。这为年轻人的成长和发展提供了更为广泛和灵活的选择，从而为职业教育和普通高等教育之间建立了一座桥梁。

资格与学分框架（QCF）。英国的职业资格制度在其发展历程中不断探索整合与衔接两个核心议题，在满足劳动力市场需求、提升技能人才素质等方面发挥着不可或缺的重要作用。然而，随着经济社会的不断演进，职业资格在培养技能型人才方面所面临的问题日益凸显，尤其是职业资格的制定未能充分考虑行业企业的需求，资格获取方式缺乏灵活性，这对于在职人员的申请造成了不利影响。英国政府一直在致力于完善其职业资格认证制度，以确保其职业发展的可持续性。在其改革和发展过程中，仍然存在一些主要难题，例如大量年轻人所获得的职业资格并未提升其在劳动力市场上的竞争力，而许多行业企业所认可且高度重视的职业资格却未得到政府的审核和资助。

尽管英国的职业资格制度存在多方面的缺陷，但其独特的衔接性、灵活性、大众化和标准化等特征，为我国的职业教育改革和发展提供了可借鉴的经验。

（3）不同教育类别之间衔接和沟通模式

不同教育类别之间的衔接和沟通模式以澳大利亚最为典型，其不同教育类别之间的衔接和沟通主要是通过建立国家统一的证书、文凭和学位框架，使职业教育成为国家教育体系的有机组成部分。

澳大利亚职业教育经过一个世纪的探索、发展与完善，成功构建了具有本国特色的职业教育 TAFE 模式——技术与继续教育模式（Technical And Further Education）。TAFE 模式成为备受世界关注的一种职业教育典范。

第一，形成了完善的国家学历资格框架体系（AQF），有利于不同教育部门间更有效地转换。澳大利亚资格框架能够证明人们通过学习、培训、工作和生活所获得的知识和技能，能帮助所有学习者、雇主、教育与培训机构进入资格体系。

AQF 中的职业资格由高中、职业技术教育和高等教育三部分组成，彼此相互衔接。相同级别的资格能够将不同种类的教育进行连接，允许人们从一种教育类型向另一种类型转换。同一类型的资格证书具有不同的层级，为人们职业生涯的发展提供了通道。

澳大利亚政府在 AQF 的职业资格证书体系中加上职业研究生证书和职业研究生文凭两级资格的目的，在于延伸职业教育的学习通道，并增加 AQF 内相同层级资格间的更多选择性。

第二，适应变化的质量新原则，保障培训包满足行业企业的实际需求。培训包是澳大利亚职业教育材料开发的指导性文件，由澳大利亚国家培训局"培训包国家计划"提供经费，委托国家行业培训指导委员会制定，经国家培训局批准后在全国范围内实施。培训包主要包括三部分：国家能力标准、评估指南和国家资格框架。培训包是国家培训框架的主体，详细规定了国家统一的资格、行业能力标准和评估指南，并提供相应的辅助材料。能力标准是对学生进行质量评价的尺度，规定了本行业不同岗位的从业人员所应该具备的文化知识、实践技能和思想素质，全面考核学生的工作能力、管理能力、协调能力以及与他人合作的能力。资格证书即澳大利亚 AQF 中共有 5 种证书和 3 种文凭，文凭要求学生在证书所要求具有的较强动手能力的基础上，还需具有一定的技术分析和设计能力、解决问题的能力和组织协调能力。评估指南是对能力标准的评估考核方法及其考核条件，主要在学生的质量评价、能力评估和考核方面发挥重要作用。

特定行业对特定岗位所要求的技能水平，可以通过培训包得到反映，这是行业所期望的人才技能标准，也是行业人才的"订单"。培训包中包括了专业能力、专业技能和职业道德三个维度的内容。据此，各大教育机构得以开发符合标准的课程设置，并颁发相应的学位证书给学生。行业定制的培训包不仅为职业教育提供了明确的培训目标，更实现了培训与就业的无缝衔接，为行业发展注入了新的活力。

第三，确立完善的治理架构和规章制度，发挥政府的导向和宏观调控职能。澳大利亚全国的职业教育与继续教育培训体系已经构建完备，覆盖了从各级政府主管部门到各高校再到社区的全方位，确保了培训工作的快速有序发展。澳大利亚的职业教育得到了政府、国家培训总局、国家职业教育研究中心和行业培训咨询委员会等多个层级的协同管理，从而形成了一套独特而高效的管理网络。联邦政府负责制定全面的教育政策，确立全国范围内的学历结构和质量控制机制，并制定国家标准以规范证书和文凭的颁发。州及地方政府在联邦层面上设立相应的管理机构，负责本地区的职业教育。国家培训总局隶属于联邦政府，其主要职责在于代表联邦政府负责管理职业教育。作为职业教育研究和统计调查机构，国家职业教育研究中心每年向政府提供各职业教育培训学生就业率统计和教学质量信息反馈报告，以促进职业教育的发展和提高教育质量。各州都设立有专门的职业培训咨询委员会，负责州内各类学校毕业生就业情况及职业指导工作。为满足职业培训行业的需求，行业培训咨询委员会参与制定行业培训计划、教学大纲、培训规范和考核标准，提供行业需求分析服务。在全国范围内建立起一个完整的职业学校体系，形成"校企合作"机制。职业教育改革的发展离不开政府导向和宏观调控作用的有效发挥，而健全的管理体系则是这一过程中不可或缺的关键因素。

第四，产学合作和行业企业参与，协调了人才培养和使用的关系。职业教育与产业界、劳动力市场的密切配合是澳大利亚职业教育的一个显著特征，企业、职业教育机构和学生形成开放的系统，企业保证职业教育的实用性和现实性，并根据市场变化和要求确定接受职业教育学生应该具有的素质和技能，教育机构则把这些要求细化为可操作的教学模式。

为了推动职业教育的发展，澳大利亚政府制定了一系列国家政策，鼓励企业积极参与其中。根据澳大利亚政府的法律规定，企业必须拨出相当于总额2%的经费用于培训，以提高其对职业教育的重视和参与度。职业教育学院在培训内容、形式和质量等方面得到了各级行业顾问委员会和学校管理委员会成员的支持，这些成员主要由行业代表组成，他们通过制定培训政策、行业标准认证框架和拨款等措施，最大限度地满足行业的发展需求。

行业企业参与职业教育的另一途径是新学徒制。新学徒制规定，提供学徒培训的雇主与学徒之间签订培训合同，由雇主结合自己的工作需要和学徒的实际水平选择培训机构。雇主每雇佣一名学徒工，政府向其提供一定的经费支持，被选中的培训机构也可获得政府拨付的培训费，从而有效地提高了行业对技术与继续教育的关注与参与。

第五，加大资金投入，提升职业教育和培训服务社会的能力和水平。建立完善的职业教育与培训体系。澳大利亚拥有专业的技术和继续教育发展基金，政府主办的技术和继续教育项目主要由政府提供经费，还有少量的个人捐赠和其他形式的投资。此外，政府还通过财政转移支付等方式向各州和地方政府进行补贴，以确保其在职业教育方面得到充足的资金支持。澳大利亚政府并未直接拨款用于职业教育，而是采用"购买"教育培训的方式进行投资。政府向各大学及企业捐赠部分或全部课程教材和设施设备等，再委托其他机构进行教学实习和技能训练，这些都是以合同形式来确定的。若学府未能如期完成使命，则必须归还相应款项给政府。通过采用公开投标的市场运作方式，教育经费的"购买"方式促进了职业技术教育的竞争发展，从而确保了职业技术教育的品质。

从澳大利亚职业教育与培训投入来看，无论哪个政党执政，无论经济上行还是下行，对职业教育的重视总是有增无减。从澳大利亚 GDP 增速与职业教育经费投入增速的对比可以看出，无论是总投入还是政府投入，职业教育获得的经费增速都高于 CDP 增速。

二、职业教育进展、成效和问题

21 世纪以来，国家抓住我国经济社会发展的大好机遇期，适时提出了大力发展职业教育的重大战略，我国职业教育得到了巨大发展，建成了世界上规模最大的职业教育体系，基本满足了广大青年接受良好教育的需求。职业教育作为人力资源开发体系的重要组成部分，培养了数以千万计的高素质劳动者和技术技能人才，有力地支撑了我国世界制造业大国的地位，促进了经济快速发展和社会的持续进步，缓解了社会就业压力，为广大青年打开了通向成功成才的大门。但是，在我国转方式、调结构、促升级和惠民生的新形势下，职业教育还不能完全适应经济社会发展的需要，还存在一些亟待解决的突出问题。

（一）我国职业教育的重大进展

我国职业教育的发展是在技术积累层次较低，产业竞争力不强、社会阶层差距逐步拉大的经济社会发展背景下起步和发展的。面临着起点低、发展资源不足、基础落后等先天条件的限制。21 世纪以来，国家为落实科教兴国战略和人才强国战略，推进我国走新型工业化道路，从社会主义现代化建设全局出发，把职业教育确立为经济社会的重要基础和教育工作的战略重点，成为应对社会经济、人口、环境挑战，以及实现高水平、可持续发展、促进就业与社会和谐的重要战略。

党中央、国务院对职业教育高度重视，新世纪以来，召开了三次全国职业教育工作会议，并出台《关于加快发展现代职业教育的决定》，为职业教育的改革和发展指明的方向。各地区、各部门认真贯彻会议和决定精神，根据《国家中长期教育改革和发展规划纲要（2010—2020 年）》的目标，加强了对职业教育工作的指导和支持。地方各级政府加强职业教育立法与规划，不断完善政府主导、行业指导、企业参与的办学机制，健全多渠道投入机制，加大职业教育投入，职业教育得到大力发展。随着国家创新驱动转型发展战略的实施，各地职业教育改革发展的呼声日高，加快建立现代职教体系，探索职教体制机制创新，增强职业教育发展活力成为各地职教发展的强大动力。我国职业教育正从规模发展向内涵发展转型。

1. 职业教育与区域经济社会发展更紧密结合

近年来，各级政府重视职业教育的发展与推进，把职业教育立法与规划作为政府推动职业教育发展的重要手段，把职业教育发展与当地经济社会发展密切联系起来，将技术技能型人才发展纳入当地人才发展规划，将职业教育发展与经济社会发展、城镇化发展、产业发展同步规划。各地相继出台了符合地方经济社会发展的中长期职业教育改革和发展规划、现代职业教育体系建设规划和关于支持现代职业教育发展的意见等重要文件，主动适应国家产业振兴计划，积极落实加快发展战略性新兴产业和生产性服务业的部署，把调整专业结构、技术结构及相应教学体系作为转变职业教育发展方式的重点，按照优化需求结构、供给结构及要素投入结构的方向，对地方职业教育科学规划、周密部署，促进职业教育服务区域经济社会发展能力不断增强。

2. 职业教育基础能力进一步提高

随着对职业教育重要性认识的不断深入，各级政府加大职业教育投入，职业教育基础能力建设不断增强。政府的持续投入，带来的是职教办学条件明显改善，质量大幅提高。除了增加职业教育的公共投入外，各级政府还不断完善职业教育经费投入机制，逐步提高教育费附加用于发展职业教育的比例，规定地方教育费附加用于职业教育的比例不能低于30%。

各地也努力增加对职业教育的投入，健全职业教育经费保障机制。各省、市、少数民族州、县设置职教专项经费，围绕经济社会发展对技能型人才培养的需求，主要用于实施"职业教育实训基地建设""示范性职业院校建设""县级职校中心建设""职业院校教师素质提高"计划。随着各级财政加大投入，各省教育办学资源不断丰富、办学条件持续改善。

3. 职业教育发展的不断增强

围绕职业教育管理体制与办学机制的改革与创新，各地进行了积极探索与实践。一是加大省级政府统筹管理职业教育的权限，强化了各级政府对职业教育发展规划、资源配置、条件保障等方面的统筹管理。二是理顺职业教育管理体制，教育行政部门统筹协调和综合管理职业教育工作，相关部门分工负责职业教育的有关工作。三是依法落实各级政府举办职业教育的责任，扩大学校办学自主权。

管理体制改革有了新进展。各地不断探索职业教育管理体制创新，逐步形成职业教育从部门管理向政府统筹管理转型，建立职业教育工作联席会议制度，健全政府统筹管理协调、业务部门牵头抓、相关部门密切配合、社会力量参与的职业教育管理模式。例如广东省着力强化市级统筹力度，以学校设置、专业调整、招生录取"三统筹"为抓手，优化制度环境，实现了各级各类职业教育统筹发展的"大职教"格局。各地积极鼓励职业院校、行业组织和骨干企业牵头组建职业教育集团，到2020年，职业院校参与集团化办学的比例达到100%。发挥行业在制定职业资格标准、指导专业设置、深化教学改革、开展质量评价等方面的作用。

办学机制取得新突破。各地在建立统一、开放、竞争的职业教育办学机制方面进行了积极探索。例如，山东省着眼于营造民办职业学校与公办学校平等的发展环境，出台多项优惠政策支持民办职业教育发展。一是办学活动规范的非营利性，民办职业院校可从办学结余中提取一定比例用于奖励出资人，奖励资金转为出资额，继续用于本学校发展。二是非营利性民办职业院校聘用的教师，按公办学校教师标准参加事业单位社会保险，并按事业单位社会保险政策享受退休待遇，有效解决民办职业院校教师的后顾之忧，让他们安心教书育人。三是公共财政还通过定额补助、项目补助、专项奖励的方式对非营利性民办职业院校给予支持。

4. 探索建立现代职业教育体系的新进展

为了建立现代化的职业教育体系，必须首先对各类职业教育人才培养目标和发展定位进行科学界定，以便从实际情况出发，统筹中等和高等职业教育专业设置，实现人才培养目标、教学方案和课程体系的一体化，从而实现人才培养的有机衔接。

例如，山东省将现代职业教育体系建设视为整个教育体制改革的重要突破口，深入研究了如何构建现代职业教育体系，以中等职业教育为主要服务对象，旨在培养高素质的基本劳动者和技能型人才，同时为高等学府提供具备一定专业技能基础的合格生源；高等教育主要面向生产服务第一线，培养创新型、实用型和创业型人才。应用型本科教育的核心目标在于培养具备工程实践能力、高层次技术技能以及多元化应用能力的综合型人才；专业学位研究生教育的核心目标在于培养具备工程技术研发、高层次管理以及其他高层次应用型、复合型人才的综合能力；高职院校以就业为导向设置专业方向，注重学生实践动手能力的训练。职业教育培养格局和人才成长的"立交桥"，构建了一个结构合理、类型多样、相互贯通、功能完善的体系，旨在为全体劳动者提供一个提高从业能力和职业素质的机会。因此，要从战略高度认识人才培养质量问题，明确定位目标任务，创新办学模式，优化课程体系，深化教学改革。持续推进中等职业教育的大力发展，巩固高等职业教育的规模和内涵，加大应用型本科和专业学位研究生教育的比重，不断提升职业教育在整个教育体系中的地位，促进普通教育和职业教育的协调发展。

通过现代职业教育体系的构建，一方面是从政府角度充分认可职业院校的毕业生是一种技术型、应用型人才；另一方面是向社会释放强烈的信号，现代职业教育体系从中职、高职、本科的通道已经基本打通，以后可能有相当数量的高等学校也要慢慢走到职业教育这条路上来。广东省在建立现代职业教育体系方面也取得了一些经验。广东省开展"探索建立职业教育人才成长立交桥，构建现代职业教育体系"的国家教育体制改革试点，在国家政策层面承担构建现代职业教育体系的改革。广东省高度重视现代职业教育体系的顶层设计，编制了《广东省现代职业教育体系建设规划》，同时，推进中高职协调发展取得阶段性成果，三二分段一体化人才培养模式改革试点进一步扩大。在三二分段人才培养模式改革中，广东省坚持高职引领、中高职协同发展，中高职共同制定人才培养方案，协同培养高素质人才，高职面向中职生源单独招生、单独编班、单独培养，为技术技能人才的培养和成长探索了一条可行之路。

建立现代职业教育体系已经得到大部分省市的认同，上海、浙江、河南、贵州等地也已经在积极试点，有序推进这一工作。

5. 师资队伍不断加强

双师型教师队伍建设是职业教育发展的关键。近年来，国家出台了一系列有关针对专兼职双师型教师建设的政策，教育部连续出台了《加强中等职业学校教师队伍建设的意见》，教育部、财政部下发《关于实施职业院校教师素质提高计划的意见》。职业教育教师队伍建设在一系列政策的推动下，取得了长足的进步，师资规模不断扩大，素质结构不断优化，管理制度也不断完善。同时，随着职教事业快速发展以及社会对人才质量要求越来越高，高职院校在师资队伍建设方面面临着新形势、新任务、新挑战。随着职业院校教师学历和水平的不断提高和显著改善，职业教育改革创新得到了有力的支撑。

职业教育师资的提升速度，归功于不断完善的培养和培训体系。我国职教师资队伍在改革开放后得到快速发展，但仍存在一些问题，需要进一步完善。目前，教育部以高等学府、职业院校和企业为支撑，已建立了 93 个全国重点建设的职业教育师资培养培训基地，8 个全国职业教育师资专业技能培训示范单位，以及 10 个全国职业教育教师企业实践单位，此外，各地还陆续建立了共 300 个省级职业教育师资培训基地。据了解，近年来国家每年都会安排专项资金对这些机构进行扶持。国家级基地的培养培训人数高达 50 万人次，而省级培训也呈现出蓬勃发展的态势。

作为首批全国重点建设职教师资培训基地，天津职业技术师范大学开创了"双导师、双基地、双证书"研究生培养新模式，成功培养出我国首批具备双重导师、双重基地、双重证书的硕士研究生和留学生。借助学校教师和企业技师的力量，以及校企合作的力量，致力于培养和培训职业教育教师，以满足他们在企业和校园中的需求。

由于职业教育的特质，教师必须拥有丰富的实践经验，方能有效地培养学生的动手能力。目前我国职业技术院校普遍存在着师资不足的问题，而校企合作是解决这一难题的有效途径。为了提升教师的专业技能，各地职业院校采用教师到企业进行顶岗实习和培训的方式，同时聘请企业技师到职业学校担任专职或兼职教师。这既是对传统教师培养模式的有益探索，也是促进校企合作深度发展、推进产学结合的有效措施。职业教育焕发出蓬勃生机的原因在于教师和技师在企业和校园之间形成了双向流动的人才流动。近年来，我国出台多项政策法规鼓励职业院校开展"双师型"教师队伍建设工作。在素质提高计划的推动下，各地纷纷加大了对职教师资管理制度的统筹和投入力度，积极促进其创新发展。在教职工编制、教师职务（职称）、教师专业能力标准、骨干教师和专业带头人队伍建设、兼职教师聘用政策等方面，广西、湖南、浙江、重庆、河南、辽宁、云南等地已经实现了突破性的进展。

6. 校企合作机制不断完善

职业教育的健康发展，离不开校企合作这一根本途径。在推进现代职业教育体系建设的过程中，加强和深化校企合作被视为至关重要的任务，需要进一步扩大合作规模、深化合作内容、提高合作成效。

首先，学校积极响应企业需求，深入推进教育教学改革，不断提升人才培养质量和办学水平，进一步增强对企业的服务和支持能力。

其次，我们应该积极推动企业深度融入学校教育教学，为其注入更多的活力和动力。借助职教集团、专业建设指导委员会、学校理事会等渠道，促进企业积极参与职业院校教育教学改革，为专业建设、教师培养和学生实习实训提供全方位支持。鼓励企业在学校设立技术研发中心，实现工厂与学校的无缝衔接，同时创新职业教育成本转移支付机制，以提升技术技能人才培养水平。在企业中建立实习实训基地，以充分发挥其在实践中的作用，从而提高员工的实践能力。

再次，出台一系列优惠政策，以促进校企合作。加大对企业参与职业教育培训投入的财政扶持力度。提出实施方案，以确保校企合作税收优惠政策得到有效贯彻落实。实施职业院校学生实习责任保险制度，将实习实训补贴和投保经费纳入公共经费补助范围，以确保资金专款专用。鼓励企业积极参与职业教育教学改革实践活动。在各级政府的管辖范围内，针对校企合作政策规定的财税激励政策，各地政府纷纷出台更多的激励措施，以引导和支持校企合作办学、合作就业和合作发展。通过发挥行业主管部门在职业教育方面的指导作用，积极推进产教结合，加强职业教育与产业的紧密联系，以促进职业教育更好地适应产业发展的实际需求。建立统一的"校企合作公共服务网络信息平台"。实施人力资源数据统计、趋势预测以及供求信息发布的试点工作。

最后，为完善就业准入制度，加强劳动监察，规范用工行为，人力资源社会保障等部门应根据法律法规对违反规定、随意招录不具备从业或执业资格的用人单位进行惩罚。

各地经过不断探索已初步形成多层次、多类型的校企合作办学模式。一是政府主导的教产对接模式：职教集团和企业校区。比较典型的有宝安职业技术学校建立了"高新奇""汇科盛""花样年"三个大型企业校区，共容纳学生近2000人，实现了校企深度合作。二是学校主导的教产对接模式，包括车间进校、教学工厂、股份制实训中心、承包生产线、校企合营等。如宁波市职业技术学院与西门子公司合作，将生产车间引进校内，开发集岗位、任务、生产于一体的"车间训练"教学模式。三是企业为主导的教产对接模式：企业（产业园区）办校，如江门市雅图仕职业技术学校是由鹤山雅图仕印刷有限公司自主投资筹办的一所中等职业技术学校，企业办学可以密切学校与社会、学校与企业的联系，使学校的专业设置、培养目标更有针对性。

（二）我国职业教育发展社会成效显著

改革开放以来，我国职业教育的大力发展为我国的经济社会发展培养了数以千万的高素质劳动者和技术技能型人才，为我国的高速经济增长提供了有力的支撑。职业教育的大力发展促进了我国从人口大国向人力资源大国的转变，也将进一步支撑我国实现从人力资源大国向人力资源强国的迈进。同时，我国职业教育的大力发展，极大地增加了广大人民群众入学机会，带动了高中阶段教育普及和高等教育的大众化，促进了教育公平。

1. 有力促进了经济持续发展

现代发展理论认为，人力资本和技术进步是经济发展的关键因素，而教育则是人力资本开发的最重要形式，也是技术进步的最主要源泉。国内研究指出，在我国制造类企业，职工受教育年限每提高1年，劳动生产率就会上升17%。而在各类教育中，职业教育对经济的影响最为直接，关系也最为密切。

2. 有效缓解了失业压力

中国目前正处于经济社会转型时期，摩擦性失业和结构性失业问题突出，"就业难"与"招工难"并存。研究表明，我国失业群体中，高达95%的人没有真正掌握一定技术和技能。由于职业教育与市场需求结合紧密，受教育者在就业竞争中具有明显优势。职业院校毕业生成为高素质技术技能人才的重要来源，为缓解就业结构性矛盾提供了有力支撑。

3. 有效促进了社会稳定发展

当前，我国的收入分配格局呈现出明显的不平衡状态，社会上的贫富差距相当显著。究其原因，主要是城乡差距拉大、地区差距扩大以及行业间和部门间差距过大等原因造成的。劳动者的收入差异在很大程度上源于他们所接受的教育水平的差异。因此，发展职业教育就成为调整国民收入分配关系的重要途径之一。由于职业教育的普及化和对受教育者社会所需技能的授予，有助于提升其就业竞争力。因而，通过职业教育实现劳动力充分就业成为各国政府及学者关注的焦点之一。通过再就业培训工作，不仅可以有效地协助劳动者解决就业难题，同时也为国家缓解就业压力、解决失业问题提供了一条行之有效的途径。我国在发展经济过程中，有相当一部分人处于绝对或相对弱势地位，其中包括部分农村贫困人口和城镇下岗失业人员等群体。因此，职业教育在一定程度上是改善弱势群体生存状况、推动贫困人群脱贫的最为切实有效的手段和途径。

实际上，接受职业教育的孩子90%来自农村，是最普通老百姓甚至贫困家庭的孩子。随着中职免学费政策的实施，农村家庭学生就读中职的成本大大下降，解决了农村贫困学生就读职业教育的后顾之忧。同时，资助一个贫困学生，学习技能有效就业，能够脱贫一个家庭、温暖一个家庭。

对于一个国家而言，社会的稳定是其最重要的公共利益，若缺乏稳定和繁荣的环境，将会对公众的利益造成不可挽回的损害。所以说，维护社会的稳定是政府工作的首要任务。职业教育在促进社会稳定方面扮演着至关重要的角色，因为它能够为那些没有工作的人提供就业机会，同时也能够帮助那些有工作的人实现自己的职业梦想。近年来，我国的经济发展速度非常快，但由于种种原因造成社会上出现了各种矛盾，反馈到社会上的问题之一就是犯罪现象十分突出。根据相关研究，年龄在14至17岁之间的青少年中，在校犯罪率显著低于未在校犯罪率的同龄人。这说明职业教育确实可以提高受教育者的素质，减少犯罪现象发生，促进社会和谐发展。大多数接受中等职业教育的学生并不擅长接受普通教育，缺乏对科学知识的主动性和积极性。此外，一些初中毕业生如果不接受职业教育而流入社会，可能会对社会产生负面影响，而职业学校则能够缓解这些家庭和社会的监管压力。

（三）我国职业教育发展存在的主要问题

目前，我国经济社会正处于创新驱动转型发展的关键阶段，对比中国的技术技能型人才现状及人才强国战略，我国职业教育还存在明显差距。当前，职业教育中依旧存在以下问题：学生就业稳定性不强，教师专业水平不高，职业院校的办学特色不够鲜明，人才培养质量不适应经济社会发展对高素质技术与技能型人才的需求，职业教育适应经济社会发展、推动经济转型升级的能力不强。职业教育发展的滞后导致我国产业技能型劳动力不足，制造业的附加值较低以及高端服务业发展乏力，各行业技术创新能力不强。

总之，我国职业院校之间不能形成平等竞争的问题是今后一个时期需要政府、职业院校与社会的突出问题。深入剖析造成我国职业教育存在问题的根源，校企合作不力是制约我国职业教育发展的瓶颈。而反映到职业教育的体制与机制等制度层面，主要表现为政府管得过多、统得过死，服务能力不强；行业企业参与积极性不高、经费保障不足；职业院校发展活力不足等，区域之间、城乡之间职教发展不平衡也是我国职业教育亟待解决的问题。

1. 职业教育管理体制尚未形成

政府管得过多与统筹能力不强并存，管理职能亟须转变。我国职业教育的大力发展是在政府主导下，通过各级政府强有力的政策和财政扶持，从上而下积极推动的，对职业教育发展的规划、组织、控制，均以行政命令的方式来实施。在自上而下地发展职业教育的起初阶段，政府直接参与管理起到了重要作用。这种行政主导的方式能够提高职业教育发展的速度与效率，因而出现了几年之内职业教育规模快速发展的局面。职业院校从政府那里确实获得了大量的资源，但是付出的代价是学校对政府的依附性越来越强，自主办学、自我发展的能力下降。

同时，由于受信息限制、监督不力、行政成本高等因素影响，这种政府主导的发展模式不能及时提供多样性与及时性的应对政策，必然造成决策失误和政府失灵的现象。因而，政府直接管理的方式已经越来越不适应职业院校对社会多元化人才需求，并且由于政府决策失误造成严重的资源浪费的情况逐步增多。

目前，职业院校热门专业重复建设的现象比较明显，政府直接花巨资建设的公共实训基地，由于与行业需求脱节，利用率极低造成资源浪费，政府直接推动的一些建设项目由于与院校发展实际不相符而导致盲目投资，还有目前各地以兴办职业教育为名目大兴土木建设的职教园区，其可行性也有待论证。同时，尽管我国的职业教育实行多部门联合管理，表面上看似乎是集权制，事实上，这种部门之间各自为政，即使是教育部门内部各部门之间也存在各自为政的现象。整个管理系统存在某种程度的无序状态。因此，职业教育的宏观管理亟须加强。

行业协会参与管理职业教育的能力不强。行业协会作为社会组织参与职业教育管理应该在若干方面发挥重要作用，而目前，行业协会在我国职业教育中只是起到一个联系平台的作用，没有成为校企之间联系的纽带。行业协会受政策环境的影响，在职业教育方面发挥自治作用的能力有限。尽管在一些行业中有相关职业教育与培训的行业性规范与标准，但是，对会员单位的约束力不强，对不按照行业规范操作的学校与企业也没有应有的规范效果。

2. 职业教育办学活力严重不足

职业院校区别于普通院校的组织特点是以教学为主，课程的标准化程度高，产出更加讲求效率，并且办学绩效容易评估。职业院校的活力在于有没有适合自身特点的管理与运行机制，有没有机制吸引优秀的专业人才任教，有没有先进的教学吸引到优秀的学生，有没有能力提供先进的技术开发成果吸引企业的合作。同时，职业院校的活力还来源于通过学校之间的平等竞争从外部（包括政府、企业、基金会以及其他机构等）获得各种资源。

职业教育寻求内涵发展对特色化办学提出了新的要求。从我们研究的情况来看，职业学校的运行机制很不健全，办学经费主要依赖政府，活力明显不足。职业院校的管理体制与普通院校雷同，没有建立起适合职业院校组织特点的、及时回应外部社会需求的，灵活的反应机制。没有实现与行业企业紧密结合，缺乏完备的共同培养学生的保障制度和动力机制，不能满足产业转型升级需要，尚不能及时更新专业和课程，综合性、新兴产业课程少之又少，没有系统的质量标准、建设标准、评估标准和管理标准。大多数职业院校都存在生源不足、专业重复建设、课程陈旧、实训设备落后，专业教师的教学能力不强，校企合作不力等问题，这些都反映了当前我国职业院校微观活力不足。

3. 职业教育发展脱节

目前，我国企业参与职业教育还未形成有效的制度基础，企业参与职业教育处于零散、低效率、低层次的运行状态，不具备可持续性发展的社会条件。究其原因，主要有以下几方面。

①缺乏法律保障，致使校企合作无法可依。德国、瑞士、英国、美国等国家校企合作的成功，都离不开国家完善的法律法规体系及其严格的执行。如德国政府制定了《职业教育法》《劳动促进法》《青年劳动保护法》和《手工业条例》等法律法规来调整校企合作中多方的关系，对企业、学校、学生三者的权利和义务都做了明确规定。而目前我国尚缺乏明确、具体、专门针对校企合作的强制性的法律法规，对职业教育校企合作各方的权利、责任与义务给予必要的监督和约束。法律法规体系的滞后与不完善，导致校企合作更多处于民间活动状态。

②缺乏组织管理，致使校企合作"各自为政"。在校企合作中政府的主导作用发挥不够，职业院校与企业的合作处于"无政府"状态。政府在校企合作中的角色定位不明确，组织协调职能发挥不到位。往往一所院校与多家企业合作，一个企业又与多所院校合作，而这种联系和合作是缺乏组织的、是无序的，政府对校企合作缺乏有效的管理。另一方面，行业的指导作用发挥不够，校企合作的针对性不强。由于对本领域内企业了解较多的行业未能充分发挥其指导作用，导致校企合作存在很大的盲目性，在人才培养和学校建设等方面缺乏深层次的推进，也严重影响了校企合作的实际效果。再次，校企合作缺乏制度规范。在管理层面，缺乏具体的操作办法和规程，缺少对运行程序的规范对校企合作的备案、认可、监督与协调服务。

③缺乏政策激励，校企合作推进困难。教育、人力资源和社会保障等有关部门不仅缺少推动校企合作的经验，也缺乏鼓励和支持校企合作的具体政策，导致校企合作成为原则性的工作要求甚至一般性的号召。企业自身的利益缺乏保障，合作的积极性不高。一方面，有些企业认为参与校企合作"无利可图"，同时又得不到必要的成本补偿；另一方面，企业参与校企合作是为了获得其提高竞争力所需要的人才，而现实情况却于预期存在明显差距。

④由于缺乏有效的运行机制，校企合作的规范化运营面临着巨大的挑战。法

律约束是校企合作良性发展的重要保障。推进校企合作的有效实施，不仅需要建立法律框架下的约束机制，还需要构建高效的平台和载体，以确保其顺利运行。因此，加强对校企合作相关问题研究，构建科学的保障机制，具有重要意义。当前，校企合作缺乏法律约束下的规范运作，缺乏将校企有机融合的操作模式。这导致很多企业不愿参与到校企合作中来。在校企合作的实践中，各地已经探索出了"订单班"、半工半读、前校后厂、职教集团等多种高效的运营模式，但是这些成功的实践仅仅局限于局部或局部区域，缺乏政府和相关部门的认真总结和及时推广。同时，由于对企业利益重视程度不够，导致企业参与积极性不高，影响着校企合作的发展进程。在当前形势下，校企合作的有效性和健康运行机制的探索，已成为亟待解决的重要问题。

4. 职业教育基础条件薄弱，经费保障严重不足

我国职业教育规模发展快，而基础能力先天不足是明显的事实。从基础条件薄弱角度来看，既有"硬件"问题，也有"软件"问题。目前我国中等职业教育各项办学条件都还存在严重不足的问题。全国有河北、海南、山西、江西、河南、四川、云南、贵州和西藏9个省份生均仪器设备值未达到最低2500元的标准，其中四川、云南、西藏不足2000元，全国有141个地级市生均仪器设备值低于标准，实际缺口超过500亿元。除了硬件基础薄弱以外，教师队伍建设等软件配置也明显不足。全国有23个省份生师比高于设置标准，部分地区甚至高达40∶1。全国有225个地市生师比高于20∶1，教师缺口合计达到近20万人。

虽然教师学历合格率逐年提高，但与规定的教师学历达标还存在差距，全国还有近9万学历不合格教师在中职学校任教。双师型教师比例与标准相差4.8个百分点，全国有10个省份双师型教师比例低于20%。教师数量不足、学历不达标以及双师型教师短缺严重影响着职业学校教育教学质量的提高。

虽然近年来国家加大对职业教育的投入，职业教育经费有了较快增长，但职业教育经费的投入保障仍明显不足。教育成本的研究表明，职业教育成本一般是普通教育的2.6倍，这表明举办职业教育需要比举办普通教育更大的投入。但从实际来看，政府在投入上依然是重普通教育，轻职业教育。高职高专学校这一差距更大，普通本科学校预算内教育拨款所占比例达到18.18%，而高职高专仅为3.66%，二者相差甚远。

第二节　职业教育教学系统

将教育教学视为一个有机的系统，这是现代教育中一项至关重要的理念。这一思想的提出不仅标志着人类对教育认识的深化，而且也意味着一种新的教学模式的产生。随着时间的推移，人们越来越倾向于将教学视为一个由多个相互关联的要素构成的、具有特定功能的复合体，也就是教学体系。所谓教学系统就是以教师为中心和学生为主体之间构成的一种有机联系的动态结构形式。作为教育大系统的一个子系统，它是教育系统实现教育功能、达成教育目标的主要支柱。职业教育教学系统比上述一般教学系统要复杂得多。因为，职业教育教学系统还包括企业。在不同的校企合作形式下，也就出现了各种各样的职业教育教学系统。北美的 CBE、德国的双元制、澳大利亚的 TAFE 和英国的 BTEC 职业教育模式中的教学系统，都是十分典型的职业教育教学系统。目前，我国职业教育实践中的校企一体、校中厂、厂中校、前厂后校，前校后厂等校企合作方式，也使得职业教育教学系统更加丰富。

一、教学系统的功能

教学系统作为有目的的社会活动系统，有着特定的功能。教学系统的功能是教学过程的结果，是由系统的协调运动实现的。

（一）宏观功能

教学系统的目标并非仅由内部自发形成，而是受到社会因素的制约，同时，系统的功能也具有社会性。教育既受制于政治、经济和科技的发展，也受制于青少年个性的发展。因此，教学的使命在于培养符合教育目标的合格人才，以满足社会的需求。

总体而言，教学系统在宏观层面上具备两个重要功能。

（1）在人类漫长的历史长河中，教学作为一座连接过去、现在和未来的桥梁，承载着人类经验的生成和再生产，从而为人类文化的延续和发扬提供了坚实的支撑。

（2）在当代社会中，教学扮演着连接个人与社会的纽带的重要角色。一方面通过个体与集体之间的互动，促进了人的自我发展。在教学方面，我们可以将人类的经验进行个性化和现代化，从而将潜在的生产力转化为实实在在的生产力；另一方面，协助个体实现社会化，将个体劳动转化为社会劳动，从而融入社会生活的方方面面。

（二）微观功能

微观层面的作用在于培养受教育者内在的自我认知和情感表达能力，以塑造其健全和谐的个性。它包括学生人格品质、学习方式、生活方式等方面。巴班斯基主张，教学应当承担三种职能，即培养学生的品德修养、提供教育机会以及促进学生的全面发展（相当于传授知识、塑造品德和发展能力），在这里他把"教养"作为最主要的一种职能来强调。巴班斯基所提出的教学任务包括三个方面，其中每个方面都有其独特的职责和使命：

（1）教养任务：涵盖了传授基本概念和规律、理论和科学事实，以及培养各种专业技能和通用的学习技巧；

（2）教育任务：涵盖世界观的塑造、思想品德的塑造、劳动技能的培养、职业技能的提升、审美素养的培养以及体育锻炼等多个方面；

（3）发展任务：涵盖智力、意志、情感、创新、兴趣和能力等多个方面的发展。先前所提及的发展，主要涉及智力的拓展，智力虽然是发展任务的核心，但它只是其中的一部分，而非其全部。

二、教学系统的要素

要实现教学系统的功能，需依靠教学系统的组成要素和系统的具体结构。教学系统要素问题是教学论的基本课题之一。因此，从20个世纪80年代初开始，我国教育理论界对此时而热烈、时而沉寂地探究了整整20个年头。其间，从三要素、四要素、五要素、六要素、七要素、九要素，到教学活动要素的层次说，见仁见智[1]。

其中，课程、学生、教师、条件可以说是最基本的要素。明确它们的具体内涵，对我们进行教学设计是十分必要的[2]。

---

① 吕国光.教育系统要素探析[J].上海教育科研，2003（2）.
② 裴娣娜.现代教学论[M].北京：人民教育出版社，2004.

（一）课程

在教学系统中，课程所包含的知识和技能构成了教学内容的核心。近年来随着教学改革的深入进行和教学实践的发展，人们对教学内容也提出了许多新看法、新思路。在教学系统中，教学内容是一项不可或缺的基础元素，这一点已经得到广泛认可。然而，对于授课内容的根本内蕴，必须进行全面的综合理解。

教学内容是一种能够对学生的成长产生积极影响和推动的素材。教师必须根据教材特点及要求设计出符合课程标准、适应学生身心特点、能充分发挥学生主体性作用的内容。教学的根本目的在于激发学生的潜能，推动其全面成长。因此，教学活动不仅要考虑到学生认知水平上的需求，更要关注他们情感、态度与价值观等方面的需要。学生在学习过程中的成长，主要依赖于他们积极参与主体活动的方式。因此，教师要重视学生主体作用的发挥，充分发挥他们的主体性。在教学过程中，学生的主体活动主要围绕着学习教学内容展开，通过认知教学内容，将其内化为自身的知识和技能，以及通过这个过程提升自身的能力和思想境界。因此，教学内容本身就决定了学生的主体性。教学内容的性质和特征是决定其是否能够对学生的发展产生积极的推动作用的关键因素。那么，什么样的教学内容能促使学生积极主动地开展主体性活动呢？由于教学内容内在地限制了学生的学习范围、层次和方式，同时也限制了学生的主体活动，因此教学内容对学生的学习活动产生了制约。因此，选择什么样的教学内容，对于激发学生学习兴趣和培养良好思维品质至关重要。唯有那些提供全面建构学生主体活动机会的教学内容，以及能够有效引导学生展开智力和非智力活动的教学内容，方可成为有效促进学生发展的教育素材。在传统的教学活动中，教师往往会将自己所拥有的知识作为唯一依据来设计课堂教学内容，并以这些知识为标准来评价教学效果。那些限制学生主体活动全面展开的教学内容，将会妨碍学生通过教学获得自身发展，从而阻碍他们的成长和进步。在具体实践中，教师往往会因为忽视这些内容而使课堂教学失去意义，从而导致学生发展水平低下或停滞。教学内容对学生的发展具有内在的制约作用，这表明了其在学生成长过程中所扮演的重要角色。

（二）学生

学生在教学过程中扮演着不可或缺的角色，他们是教学系统中的重要组成部分，需要积极参与和支持教学活动。作为一种社会群体存在，学生具有社会性和主体性的特点。学生的身份和受教育机会，在很大程度上取决于他们所处的具体社会历史背景和环境条件。从人类社会发展的历史进程来看，学生人群经历了三次大的演变：第一次演变出现于专门学校产生之时，从原始社会的所有新生一代都接受非正规教育，演化为古代阶级社会中的少数年轻人接受正规教育，出现了学校中的学生；第二次演变发生在普及义务教育运动中，少数儿童受教育的局面被打破，所有适龄儿童都能够成为接受义务教育的学生；终身教育的出现，使学生人群出现了第三次大的变化，学生人群扩大到所有社会成员，成人、老年人都加入学生的行列。从学生人群的演变可以看出，社会越进步，学生人群的范围就越大。学生作为社会历史的人，他们身上映射着特定的社会历史文化，反映着独特的社会历史关系，拥有各种社会权利，担负着固有的社会义务。学生身心的发展，具有内在的规律性，比如，心理发展存在年龄特征、阶段性、顺序性，存在发展的关键期，等等。

（三）教师

构建一个学习系统需要内容和学生的有机结合，而教学系统的构建则需要专业教师的积极参与和贡献。因此，教师在整个教学过程中，具有特殊的重要地位。近代以来，随着科学与技术革命的兴起，知识激增，人才竞争激烈，这要求教师具备多方面素质，其中最重要的就是要具有广博而精深的专业知识。随着义务教育运动的深入推进，教师队伍的规模不断扩大，其专业化水平也不断提升。教师作为一种特殊职业，其职业道德要求越来越高。在当代社会，教师已演变为一支专业团队，除了具备高尚的人格和身心健康，教师还必须精通一定的教学科目，并具备卓越的教育理论和技能修养。因此，教师的专业化已逐渐形成一种趋势。教师群体和教师素质的演变，是教学系统历史演进的缩影，同时也是影响教学系统从不规范向规范化、由随意性向高度自觉方向发展的重要内在因素。教师参与教学活动，不仅可以激发学生学习兴趣、调动积极性，而且有助于培养学生创新精神，促进知识与能力的同步协调发展。教师的积极参与，不仅增强了学生对人类文明成果的自觉性，同时也使得教学具备了作为学生认知世界的高速公路和快车道的特质。它不仅为学校创造出巨大的物质财富，而且对整个人类文化进步产生着重大作用。教学方向、水平和质量的优劣，直接取决于教师的专业素养和教学能力的高低。教师在教学活动中处于主导地位，对整个教学系统起着支配作用，决定着教学质量的好坏。因为教学系统的存在和发展离不开教师这一不可或缺的基本要素，所以他们的作用至关重要。

（四）条件

除了课程、学生、教师以外，构成教学系统的另外一个基本要素当然是条件。这里主要是指硬件条件，诸如校园、教室、实验室、工业中心、设备等。

职业教育教学系统还包括校企合作的企业、职业资格的标准、技能鉴定机构、指导实训或实习的师傅、各种技术标准和设备操作手册，等等。

三、教学系统的结构

教学系统的结构是教学系统要素确定后，教学系统功能得以高效实现的关键，是教学设计需要解决的中心问题。

（一）要素关系分析

教师、学生和教学内容作为构成教学系统必不可少的基本要素，三者之间存在复杂的矛盾关系。分析这些矛盾关系，对于揭示教学系统内部存在的规律性联系具有重要价值。

学生和教学内容之间的矛盾关系是教学系统发生的前提。这是因为，学生和教学内容之间的矛盾关系，反映着人类社会的一个基本矛盾关系，即人类总体文明的全面性、丰富性与人类个体发展的有限性、滞后性之间的矛盾。人是一种具有高度智慧的动物，在社会生活中不断积累着后天的经验，后天经验的积累和传递，是人类文明不断延续和发展的重要基础。但是，人类新生一代在遗传上并不具有种族的全部经验，他必须通过后天的努力来习得种族的经验，从而适应人类的社会生活。这样，人类社会就必然出现新生一代的发展滞后于总体文明进步的现象，如何解决这个问题，是人类社会面临的一个永恒课题。在人类社会发展的初期，人们主要通过在劳动和生活中学习后天经验来解决这一矛盾。随着人类文明的不断进步，依靠劳动和生活来学习种族经验的解决方式日益显现出局限性，于是，专门的学校教育就成了解决这一矛盾的主要途径。

在教学系统内部，学生与教学内容之间存在一种主客体关系，即学生是对教学内容进行认知的主体，而教学内容则是学生对教学内容进行认知和掌握的客体。教学过程是在一定的环境条件下发生的，因为教学内容是学生的学习对象，所以学生的学习过程是以教学内容为中心展开的。教学中的教师与教材、课堂环境等外部条件构成了师生交往的外部环境，而教学内容则构成了师生交往中的内在因素。学生对教学内容的理解，是一种主体的心智活动，通过对客体的认知操作和加工，将其融入自身的心理结构中，从而实现客体内化为主体的过程。因此，教学中教师必须把教材看作一个整体来进行考虑。作为学生认知的对象，教学内容不仅塑造了学生的认知方式，同时也扮演着构建主体的重要角色。

在教学系统中，教师和学生都扮演着主体能动性的角色，而师生关系则是构成教学系统基本矛盾之一的重要因素。因此，研究师生关系对教育改革与发展有着重要意义。在教学理论界，师生关系问题一直是备受关注的领域，研究的重点主要在于探讨师生在教学活动中的地位和作用。作为具体的社会历史人物，师生之间的关系不仅限于业务层面，还涉及伦理和情感层面的交织。

在教学活动中，教师和学生各自扮演着特定的角色，以便完成教学任务，同时在双边活动共同体中进行分工合作，这就是所谓的师生业务关系。这种分工与合作的方式可以有多种形式，都属于课堂教学过程中的互动交往行为。简而言之，教师与学生之间的互动关系是一种教与学的工作模式，即教师指导学生，学生在教师的指导下进行学习。师生关系的核心问题是"教"与"学"，两者缺一不可。教学的展开离不开最基本的教学关系，它是教学过程中不可或缺的基石。因此，研究师生关系的特点及其变化规律具有重要意义。

在教学过程中，师生之间存在着一种独特的道德纽带，这种纽带是不可或缺的。这些伦理义务、伦理责任和道德权利都体现为教师对学生的"道"，即道德规范。在教学过程中，教师和学生形成了一种独特的道德共同体，各自肩负着特定的道德责任和义务，必须遵守一定的伦理准则，同时享有相应的道德权利。在当代社会，教师和学生之间的道德关系已经发生了根本性的转变，这种转变基于相互尊重和平等人格的原则。和谐发展的师生关系需要以"人本"为核心，建立一种新型的教师与学生之间的伦理关系，从而促进学校各项工作的开展。人类社会的文明本性孕育了师生伦理关系，这种关系体现了人类社会的道德追求和人类道德关系的普遍性，同时也反映了教育独特的伦理矛盾，它是在一定的伦理规范下解决教育内部伦理矛盾的结果，也是伦理规范的具体体现，更是教育系统解决自身伦理矛盾的有效手段。师生业务关系的顺畅进行离不开师生伦理关系的坚实支撑。

在教学过程中，教师和学生之间的情感互动是一种自然而然形成的态度和感受，以及在此基础上形成的心理联系。这种相互交往与相互作用构成了学校人际关系系统。作为情感丰富的个体，教师和学生在从事业务活动的同时，也在进行着独特的人际互动。在师生之间的人际交往过程中，涉及群体互动、社会认知、社会情感以及社会态度等多种不同的社会心理方面的活动。这种交往是一种以信息沟通为主要手段，以人与人之间相互认识为目的的人际互动方式。他们之间建立了一种独特的情感纽带，这种纽带源于信息的相互传递、相互理解和评价。这种心理状态是建立和谐师生关系的前提。通过对学生过去的了解和对课堂表现的观察，教师能够形成对学生个体和群体的一系列态度，包括但不限于喜爱、满意、不满意和失望等。同时，教师通过与学生的交往，可以获得丰富的知识经验，培养良好的品德修养。学生在观察教师的言行举止和评价教师的教学水平时，也会对教师形成一种尊重、亲近、敬畏或疏远的态度。这些都是师生间在交往与互动过程中产生并发展起来的心理联系。随着教学活动的展开，师生情感关系自然而然地形成，它是一种客观而基本的师生关系，直接受到教学过程和结果的影响。良好的情感关系有助于激发学习兴趣，调动积极性，有利于提高教学质量。教学过程的魅力和教学结果的高效优良，将有助于增进师生之间的情感联系，使其更加和谐融洽；反之，将导致师生情感关系紧张对立甚至冲突激化，进而引起师生间相互攻击、对抗甚至敌对。在现代教育条件下，良好的师生感情不仅能有效地调动学生学习兴趣与积极性，而且有助于学生树立正确价值观，提高教师教学质量，增强学校凝聚力。教学活动的顺利开展和师生业务活动的动力状态息息相关，而师生情感关系则是决定教学最终结果的重要心理背景。

教学内容与教师之间存在着一种独特的相互作用，这种作用是不可或缺的。同时，教学过程又是一个认知—情感相互作用的动态过程，它必然会受到一定条件的制约。教师在教学过程中必须具备对所授内容的深刻理解和全面掌握，因此，教师与教学内容之间存在着一种相互依存的认知主客体关系。如果没有这样的能力，即使有深厚的知识积累，但教学效果往往不会理想。在教学实践中，教师不仅需要不断加深对教学内容的理解，同时也需要以高效的方式组织和引导学生学习教学内容。具体地说就是把教材上的某些知识重新组织成适合学生实际情况的新知识或新方法。为了使学生更好地掌握教学内容，教师需对其进行深度加工，以达到更高层次的教学效果。从这个意义上说，它既不是一个单纯的知识传授或技能训练问题，也不只是教师个人能力提高的过程，而是师生双方共同创造新事物的过程。这种对教学内容进行再加工的过程，是基于教师对教学内容的深刻理解，并结合实际教学条件和学生的特点，以促进教学内容更加贴合学生的学习需求为目的。因此，教师与教学内容之间的互动关系主要体现为一种实践性的改造和互动。

在教学系统中，教师、学生和教学内容这三个基本要素之间存在着一种独特的矛盾关系，这种矛盾关系是不可避免的。这些特殊的矛盾关系构成了一个有机整体，对整个教学系统的正常运行具有决定性影响。教学系统的根本矛盾在于学生与教学内容之间的不协调，这种不协调决定了教学的本质和存在的意义；教学的有序运作取决于教师和学生之间的关系，因为它直接影响着教学的水平、效益和质量，从而决定了教学的成败[1]。

（二）系统结构分析

教学系统的空间结构可以分别从要素关系结构和主体活动结构两个方面进行探讨[2]。

1.要素关系结构

（1）层次性

教学系统的层次模型如下图所示。这个模型表明，教学系统是由处在不同层次上众多的分支系统所组成的，这些分支系统不仅有密切的纵向联系，而且有广泛的横向联系。

---

① 裴娣娜．现代教学论 [M]．北京：人民教育出版社，2004.
② 吴也显．教学论新编 [M]．北京：教育科学出版社，1994.

教学系统的层次模型

（2）组合性

组合性可以理解为系统在不同的条件下，组成要素可有多种多样的组合，形成多样化的格局。所谓格局，就是诸要素间较稳定的联系形式或相互的方式。教学系统的不同格局在学校构成了各种具体的"教学模式"，考虑到教学中任何相互作用都表现为动态的过程，所以也叫"教学过程模式"。由于格局比层次复杂得多，而且又以层次和要素分析为前提，因此从不同的前提和角度就会得出不同的结论。

第一，"四体"模型。"四体"模型认为，教学系统的要素为"四体"：主体、客体、介体和周体。主体包括主体一（教师）和主体二（学生）。客体指世界，介体是主客体之间的中介，包括精神介，"周体"指周围体（课程和心理过程）、物质介体（工具和设备）。"四体"相互作用，形成了如下图所示的格局。

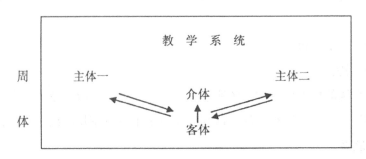

教学系统"四体"模型示意图

第二，认识模型。认识模型是从学生认识活动的角度来看教学系统内要素的相互作用，即学生以教师、课程、设备为中介，最终认识客体，如下图所示。

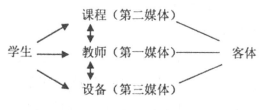

教学系统认识模型示意图

第三，实践模型。实践模型是从教师教的角度和学生自我教育的角度来看教学系统中主客体的相互作用。这里"主体一"是教师，"主体二"是具有自我教育能力的学生，客体是学生待改造的素质。所谓"实践"，就是主体借助教育目的、内容和方法的综合体（即教育影响）改造客体。它经历了三种不同的水平，如下图所示。

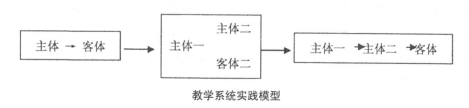

教学系统实践模型

以上各个模型都从不同的角度，在不同的水平上反映了教学系统诸要素的复杂联系或相互作用的方式，对于教学设计具有一定的指导意义。

2. 主体活动结构

教学系统就是主体（人）的活动系统。活动是主客体相互联系，相互作用的具体表现形式。教学过程中师生间有三种基本的相互联系的形式。

（1）信息交流。教师向学生传授信息，通过反馈来检查学生信息的掌握程度。

（2）共同活动。教师向学生传授自己的活动经验，使他们掌握学习认识活动的方式，帮助学生在以后的独立学习中运用这些方式。

（3）师生交往。通过交往，前者以自己的范例和个人品质来感化后者。

师生相互作用的基本类型从主体活动的结构来看，有以下三个特点。

（1）多系列。教师活动和学生活动都具有"认识"，教师侧重于"实践"。换句话说，学生的中心活动是学，教师的中心活动是教，但也不排除教师在实践中的学和学生对自己的教（自我教育）。

（2）多层次：活动具有层次性，各层次都有一个应该十分注意的核心。第一层是"教学",包括教师的教和学生的学,这里应着眼于学(即学习)。学习理论是教学过程理论的基础,在"学习"层次中包括认知、动机、意志、练习等活动,这里应抓住的是认知;在"认知"层次上有观察、想象、思维等活动,我们应牢牢抓住的是思维;在"思维"这个层次,目前又特别着眼于"创造性思维"的培养。这样,各层次的核心活动就构成了教学活动"中轴",如下图所示,教学系统中其他活动都必须围绕这根中轴来展开,并进行合理的安排。

第一层次　　第二层次　　第三层次　　第四层次　　　第五层次

教学 ⟶ 学习 ⟶ 认知 ⟶ 思维 ⟶ 创造性思维

各层次的核心活动构成教学活动"中轴"示意图

（3）多成分。教学活动是由各种类型,各种成分的细小活动组成的,主要有三种成分,即心理性成分、社会性成分和管理性成分。心理性成分包括认知、情感、动机、意志、评价、技能等,社会性成分包括游戏、学习、劳动等,管理性成分包括计划、组织、检查、调节等。而研究教学系统结构的根本目的是为教学系统结构优化服务[①]。

四、教学系统的环境

教学系统的环境对于教学系统有着不可忽视的作用,如何认清这些环境,并为教学系统有益演变所用,是十分重要的,这就要求我们开展对教学系统环境的研究。

（一）组织环境和自发环境

在教学系统与环境的关系上,存在多种看法。一种看法认为"环境"为教师传授的内容和学生认识的对象,指"自然和社会现象及其规律"。这里显然混淆了系统和环境的区别,教学的内容、素质的内容、素材固然来自环境,但一经确立就相对稳定从而独立于环境之外。

教学环境按其有序程度可分为组织环境和自发环境两种。组织环境是教学系统的母系统,这是指教学制度、学校制度和整个教育制度。组织环境对教学系统

---

① 吴也显.教学论新编 [M].北京:教育科学出版社,1994.

具有直接的制约作用，这里，系统对于环境的输入输出都是直接的。自发环境对教学系统产生自发的制约作用。在系统工程中，一般也将接收间接输出和给出间接输入的外部系统称为环境。这里我们对环境的分析，主要是就自发环境而言。

（二）环境的层次和类型

自发的教学环境是一个具有不同层次和类型的复杂系统。环境的层次由近及远可分为班级、校内、校外三种，环境的类型也可分为物质的、心理的和社会的三种，这样就得到一个关于系统环境的三维矩阵，如表 1-2-1 所示。

表 1-2-1　教学系统的环境

层次	物质环境	心理环境	社会环境
班级	班级物质环境	班级心理环境	班级社会环境
校内	校内物质环境	校内心理环境	校内社会环境
校外	校外物质环境	校外心理环境	校外社会环境

上表中共有九种环境因素，现按其对于教学系统的直接性和重要性分述如下。

（1）班级物质环境：包括班级物质设施和课堂教学工具等。

（2）校内心理环境：指校风和学风，是学校思想面貌和精神面貌的具体表现。

（3）校外社会环境：指宏观社会生活的不同侧面对教学活动的影响，包括整个社会风尚和社会风气。

（4）班级心理环境：班级中师生间和同学间的人际关系上的特点，心理生活的健康性和多样性。

（5）校内物质环境：包括占地面积和建筑面积，图书资料、实验仪器以及文体器具的拥有量。

（6）班级社会环境：班级集体组织的凝聚度和紧张度，师生间和同学之间的交往水平，集体活动的民主性和开放性等。

（7）校外物质环境：生产力发展水平，教育经费、学生家庭的经济状况、地区差别等因素。

（8）校内社会环境：学校各部门的工作效率和管理水平，教师队伍的素质和组织程度，学生课外活动的广泛性和多样性。

（9）校外心理环境：社会意识形态、社会心理、传统观念和民族特点等因素。

上述九种环境因素不是彼此孤立存在，而是相互渗透、相互影响，对具体教学来说，某些因素在特定时期有特殊的重要性，所以排列次序也不是绝对的。对于职业教育而言，校外的环境为学校提供了产学研结合开展职业教育的可能。

第二章 职业教育教学的标准开发

本章主要内容为职业教育教学的标准开发，详细介绍了职业教育教学标准的现状，职业教育教学标准开发的原则、方法和途径以及职业教育教学各主体标准开发。

第一节 职业教育教学标准的现状

一、我国职业教育教学标准建设的背景要求

（一）职业教育政策对职业教育教学标准提出新要求

《中国教育现代化 2035》提出："完善教育质量标准体系，制定覆盖全学段、体现世界先进水平、符合不同层次类型教育特点的教育质量标准，明确学生发展核心素养要求……健全职业教育人才培养质量标准，制定紧跟时代发展的多样化高等教育人才培养质量标准。建立以师资配备、生均拨款、教学设施设备等资源要素为核心的标准体系和办学条件标准动态调整机制……分类制定课程标准：积极参与全球教育治理，深度参与国际教育规则、标准、评价体系的研究制定。"制定世界先进水平、符合不同层次类型教育特点的教育质量标准，是中国教育实现现代化的先决条件之一，没有标准的现代化，就没有教育的现代化，该文件把标准放到了非常突出的地位。

《国家职业教育改革实施方案》文件一共有 35 处提到了"标准"，成为职业教育改革最突出的关键词。2019 年国务院颁布《国家职业教育改革实施方案》（又称"职教二十条"），这是职业教育发展的纲领性文件。文件提出到 2022 年"建成覆盖大部分行业领域、具有国际先进水平的中国职业教育标准体系"的总体要

求与目标。"职教二十条"的发布标志着职业教育进入新的发展阶段，而构建标准体系、落实教学标准、建立监督和保障教学标准的制度和机制，将成为职业教育改革的主旋律。

"中国特色高水平高职学校和专业建设计划"将教学标准列为"双高计划"的建设规划重点。"双高计划"在总体目标中提出：到 2022 年，建成"一批有效支撑职业教育高质量发展的政策、制度、标准"。到 2035 年，"职业教育高质量发展的政策、制度、标准体系更加成熟完善，形成中国特色职业教育发展模式"。"双高计划"的建设重点是打造技术技能人才培养高地和技术技能创新服务平台。并在"打造高水平专业群"任务中，提出要"校企共同研制科学规范国际可借鉴的人才培养方案和课程标准"。

（二）现代产业发展对职业教育教学标准开发的新挑战

新的业态带来了新的职业模式。产业变化对职业模式带来的影响不只是量的变化，还体现为一些传统职业的退化、消失和一些新职业的涌现，或者体现为职业的工作内容和手段的变化，这种变化甚至是质的变化，即整个职业的内涵与工作过程发生了根本性变化。产业的变化对职业教育课程的核心概念提出了新需求。产业的巨变给我国专业教学标准开发带来了很大挑战，产业的快速发展需要职业教学标准水平的提高。伴随新经济的快速发展，新技术、新产业、新业态、新模式的调整和迭代周期不断缩短，这对高职教育教学标准的开发提出更高的要求。职业院校教学标准应当及时响应产业发展，建立符合产业技术更新发展要求的教学标准

（三）高职教育面临的新机遇和挑战

新时代赋予高职教育新的使命和责任。一方面，中国社会的全面转型与发展依然需要数以亿计的专业型技术人才，而且随着经济发展方式的转变、产业结构的转型升级，人才需求更趋向于中高端制造业生产、管理一线的技术人员，第三产业尤其是亟需高端服务业的技术应用人才，以及可以将知识创新成果应用于工程生产一线，并能进行技术创新、工艺创新、生产组织形式创新的高层次应用型人才。这对高职教育来说，这既是机遇，又是挑战，需要高职教育对产业升级做出提前反应，以区域经济发展的实际需要为导向变革人才培养目标，调整办学思

路，在培养方案、课程标准、教学实训和师资配备等方面与新兴产业的发展对接，全方位构建适应产业升级要求的人才培养模式，进一步提高人才在本区域的竞争力。另一方面，随着我国分类招生政策的实施，高职院校的入学方式日益多样化，生源来自高考、单独招生考试、对口升学招生考试、中高职贯通招生等多种渠道，生源的基础知识、行为习惯、学习能力、专业素质等各方面都存在较大差异，给培养质量保证带来挑战。如何提高高职人才培养质量，满足不同能力水平的学生的发展需求，使人人皆可成才，人人能尽其才，需要我们科学制定教学标准，满足不同能力水平的学生发展需要。

二、我国职业教育教学标准体系建立的意义

建立健全职业教育质量保障体系对全面提高人才培养质量，对加快实现职业教育创新发展、科学发展、可持续发展具有重要意义。

第一，教学标准体系的建设水平是衡量职业教育现代化水平的重要标志。加快国家教育标准体系建设，是完善中国特色社会主义教育制度、推进教育治理体系和治理能力现代化的重要举措，是实现教育现代化的基础性、战略性工程。职业教育教学标准体系是现代职教体系不可或缺的组成部分，职业教育人才培养从过去的"参照普通教育做"到现在的"依据专门制度和标准办"，标志着我国现代职业教育体系建设向前迈进了一大步。

第二，教学标准体系是职业教育内涵发展的根本保障。当前经济社会飞速发展，新业态、新职业、新岗位不断涌现，加强教学标准体系建设，建立健全紧跟产业最新发展、不断完善并动态更新的教学标准体系建设机制，有利于推动职业教育提升内涵和可持续发展，为提高技术技能人才培养质量提供明确的规范和引领。

第三，教学标准体系是教育与产业深度融合发展的生动体现。产教融合、校企合作是职业教育的基本特征，教学标准研制工作应建立起教育行政部门与行业企业、学校等各方联动的工作机制，将新技术、新工艺引入教学内容要求，将职业能力要求转换为人才培养目标要求，使政府主导、行业指导、学校主体、企业参与得到充分体现。

第四，教学标准体系是评价技术技能人才培养质量的重要依据。教学标准体

系对培养目标与规格、课程体系与教学内容、专业办学基本条件和教学建议等提出了明确要求，为有关机构和社会评价监督职业教育质量提供了标尺，也为行业企业选用职业院校毕业生提供了参考。

三、我国职业教育教学标准建设成果

随着教学标准在职业教育教学中重要性的日益凸显，从教育部到各省（自治区、直辖市）再到职业院校，都开展了标准建设工作。经过多年的持续建设，我国职业教育教学标准建设取得了一定的成效，中国特色的职业教育国家教学标准体系框架基本形成。

（一）构成了符合我国国情的职业教育标准体系

马成荣在其研究中将我国的职业教育标准归纳为三类，即"准入"标准、"过程"标准、"准出"标准。构成了符合我国国情的职业教育标准体系，规范了职业院校从办学准入，到教学实施，直到学生毕业资格准出的全过程。教育教学三类标准的关系如下图所示。

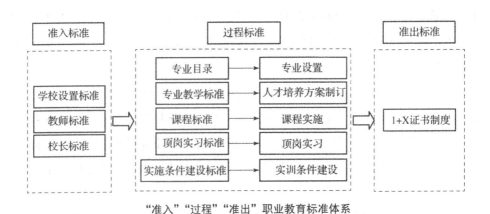

"准入""过程""准出"职业教育标准体系

准入标准是教学标准的基础，起到规范和监督的作用。国家提出的职业院校设置标准、教师和校长标准等，作为职业院校办学条件的最低准入标准，是强制性标准，是不能突破的底线，要体现政策的刚性，是达不到标准一律不得办学过程标准。国家提出的职业院校专业目录、专业教学标准、课程标准、顶岗实习标准、实训条件建设标准等，是规范、指导和引领职业院校办学过程的教学标准。

相对准入标准，过程标准更灵活，各省份和院校可以根据自身情况，开发符合实际情况的标准准出标准。

（二）形成了国家—地方—院校三层次教学标准体系

我国职业教育教学标准体系包括国家标准、地方标准和院校标准三个层次。职业教育国家专业教学标准是地方和院校专业教学标准的指针和导向，而地方和院校的专业教学标准是国家专业教学标准区域化的具体呈现，是富有地域特色的教学标准。

国家层面侧重于宏观调控、质量保证基本水平的标准制定。我国职业教育建立了国家教学标准体系，同时也提出了与国际接轨的要求，鼓励和支持职业院校参与国际专业认证。

地方层面侧重于适应区域发展要求的针对性的、补充性的标准制定。我国各省（自治区、直辖市）在贯彻执行国家教学标准的基础上，根据区域经济社会及产业发展的实际需要，制定并发布了适应当地发展的职业教育教学标准，例如广东、湖南、山东等地都相继发布教育教学标准。

院校层面侧重于具体实施的、过程调控的标准制定，如人才培养方案、课程标准、教学评价标准等。在执行国家标准、地方标准的基础上，制定校级标准已成为职业院校教学工作诊断与改进工作乃至内部质量保证体系建立的重要内容。

四、我国职业教育教学标准建设特点

（一）强调基础地位，体现中国特色（特色性）

国家职业教育教学标准是职业教育标准的基础，对地方和院校标准具有指导性作用，同时体现国家职业教育的基本要求。随着高等职业教育事业的发展，高职院校的竞争压力日益增强，在此背景下，高职院校若想巩固自身的地位，扩大影响力，则必须要凸显办学特色。高职院校建立教学质量标准应当具有一定的特色性，高职院校需要结合自身的发展定位来制定吻合办学思想及教学特点的教学质量标准，争取培养出有特色、有能力、有希望的发展型、复合型、创新型技术技能人才。

（二）重视学生发展，推动就业创业（导向性）

以就业为导向既是世界职业教育发展的共同趋势，也是我国职业教育发展的必然选择。与其他教育类型相比，职业教育更多地承担着传递职业活动经验的任务，职业教育改革必须强调以就业为导向。因此，作为专业教学关键的专业教学标准的制定应坚持就业导向原则，也就是说，专业教学标准文件的相关要素，例如教学大纲、核心课程以及考评内容与方法等都应当体现就业导向的原则，以此引导我国职业教育教学以学生就业需求为中心发展。

（三）注重产教融合，契合产业发展（发展性）

我国职业教育教学标准的建立，突出职业教育产教融合的本质规律，注重产业、技术、模式和理念的更新，深入分析产业行业发展的新形势，因此高职院校教学质量标准是动态变化的，具备发展性特征。标准的建立，应考虑行业的发展，充分体现服务产业对人才培养的新要求。同时在教学标准建设和实施过程中，应主动对接高端产业，及时将行业企业的新技术、新工艺、新业态融入教育教学标准的内容，全面深化校企合作。例如，为了适应先进制造业的发展，在《职业教育专业目录》中新增"船舶与海洋工程装备""航空装备"专业，并使用"装备制造大类"替换了"制造大类"，这更契合产业发展。

（四）服务社会发展，适应各类需要（适应性）

我国职业教育教学标准的建设应充分适应社会经济发展的需要，最大限度地满足社会对人才的需求，体现了职业教育教学标准的适应性。我国职业教育教学标准的建设以需求为导向，服务经济社会发展和人的全面发展。

适应国家战略需求。我国建立的职业教育教学标准，注重国家战略性和鼓励发展的新兴产业。专业教学标准涵盖的二产和三产专业，符合国家重点产业发展布局。同时，瞄准先进制造业、战略性新兴产业和现代服务业等未来发展需求，开发先进制造业类专业教学标准、战略性新兴产业类、现代服务业类专业教学标准。

适应行业企业发展需求。我国职业教育教学标准制定注重专业技能的同时更加突出创新能力、绿色发展、合作意识以及学习能力等的培养要求。

适应职业院校特色发展需求。职业教育人才培养要求职业院校必须与企业密切联系，课程教学遵循行业规则和快速变化的人才市场规律，需要给职业院校专业人才培养预留自主特色发展的空间。

适应技术技能人才成长需求。教学标准制定力求体现职业教育特色，突出实习实训等实践教学环节，强调"做中学、做中教"，重视理论实践一体化教学，重视职业教育在培养目标、人才培养规格、课程设置以及教学评价等方面的衔接，明确接续专业，为学生成长、终身学习奠定基础。

第二节　职业教育教学标准开发的原则、方法和途径

一、职业教育教学标准开发的原则

（一）教育性原则

职业教育的教学标准应当遵循教育性原则。教学标准不同于职业标准，教学标准是按照教育学和教学法的逻辑而开发的。教学标准回答的问题是：为了达到培养目标，学生需要学习什么，强调的是学什么、如何学以及学习内容和质量如何评估。因此，教学标准一定要凸显教育性原则，遵循职业教育、技术技能人才成长和学生身心发展规律，坚持育人为本，促进全面发展。传授基础知识与培养专业能力并重，强化学生职业素养养成和专业技术积累，将专业精神、职业精神和工匠精神融入人才培养全过程。

（二）职业性原则

职业教育的教学标准应当遵循职业性原则。在《国家职业教育改革实施方案》中明确指出："职业教育与普通教育是两种不同教育类型，具有同等重要的地位。""把职业教育摆在教育改革创新和经济社会发展中更加突出的位置。""着力培养高素质劳动者和技术技能人才。""为促进经济社会发展和提高国家竞争力提供优质人才资源支持。"因此，职业教育教学标准开发必须坚持以服务经济社会发展为出发点，必须充分体现服务产业转型升级对人才培养的新要求，关注新技术、新业态、新产业、新模式。要瞄准国家或区域产业战略布局及发展趋势，同时要充分了解行业企业的需要，保证行业企业专家参与标准制定的全过程。

（三）体系性原则

职业教育的教学标准应当遵循体系性原则。一个标准体系是由若干标准构成的，在一定范围内按其内在联系形成的科学有机整体，标准体系内各标准相互制约而又相互依赖。职业教育教学标准中的人才培养方案、学生职业能力标准、教师标准、基地标准、课程标准等，应当围绕学校教育教学目标的达成构成一个科学有机的整体，标准之间相互联系、相互作用、相互约束、相互补充，教学标准的效应除了直接产生于各个标准自身，还要从构成体系的标准之间的相互作用中获得。

（四）开放性原则

职业教育的教学标准应当凸显开放性。教学标准的开放性体现在其逻辑起点要来源于企业岗位人才需求，开发人员要广泛吸纳行业企业实践专家、教育研究人员、骨干教师参与其中，开发过程要进行充分的社会调研和论证，开发完成后要投入实际使用，跟踪评估使用效果，并根据外部条件（生产发展、技术迭代、岗位变化等）及内部条件（专业水平、实训教学条件、生源状况等）的变化定期进行更新改进。

（五）适用性原则

职业教育的教学标准必须具备较强的适用性。适用性原则要求相关的教学标准能够充分适应企业岗位及学生的实际需要，与各类职业标准相契合，与当地的产业发展、经济发展要求相契合，与学校的办学水平、办学条件相适应，各项要求应当明确清晰、便于理解，能够经得起实践的检验，能够促进当前高等职业教育教学工作的进步与发展。

二、职业教育教学标准开发的方法与途径

（一）职业教育教学标准开发的方法

1.调查法

调查法是指通过访谈、实地考察、发放问卷、浏览网站、查阅文献等方式收集数据并进行数据分析。教学标准开发过程需要的各种数据，如社会各行业企业

的岗位设置情况、对人才的需求情况、对人才的培养规格要求、学生培养质量与企业期望的符合度、核心课程的重要度和满足度等，都需要通过调查来获得相关信息。调查法的主要优点是可以收集大量的信息和数据，尤其是问卷调查，可以得到很多量化结果，是运用较广的方法。但问卷调查的缺点是有时收集到的信息是有限的，为了简化数据收集和解释，问卷的设计主要是选择题，因而限制了调查的深度和多层次展开，因此宜结合多种方式开展调查。

2.CBE/CBT 和 DACUM

CBE（Competency Based Education）意为以能力为基础的教育，是在 CBT（Competency Based Training，意为以能力为基础的培训）基础上发展起来的职业教育教学体系。在 CBE 中广泛采用 DACUM 法。

DACUM 是 Develop A Curriculum 的缩写，直译是"开发教学计划"，实际上是一种分析和确定某种职业或者职业岗位所需能力的方法。这种方法是20世纪60年代末，由加拿大区域发展经济项目部合作开发提出的，两个组织合作进行了大量的理论研究和实践探索。

DACUM 的具体做法是：由某一职业中长期工作、经验丰富的优秀从业人员组成一个专门委员会，对一个职业进行工作职责和工作任务两个层次的分析，分别得出能力领域和技能，之后对每个专项能力分别进行具体说明。DACUM 的最终成果是 DACUM 表，DACUM 表包括名称、能力领域、技能以及技能操作评定标准四项内容，通常一个职业分为8—12项能力领域，每个能力领域包含6—30项技能。

DACUM 方法是一种科学、高效、经济的分析、确定职业所需能力的职业分析方法，广泛应用于职业教育及培训。从能力观角度分析，这种方法是建立在行为主义能力观基础上的方法，其将能力理解为完成工作任务的可观察、可确定和可描述的技能和知识，关注的重点是可测量的操作活动，其分析结果常常是工作活动中的动作技能方面，因此具有一定的局限性。但这种方法过程的严谨性、对能力的描述以及对于学生技能掌握程度的分级等，对于教学标准中学生职业能力标准的开发仍然具有重要的参考和借鉴价值。

3. 工作任务分析会

工作任务分析会是借鉴德国学习领域课程开发中的实践专家访谈会、工作日志分析法等，结合我国国情和职业教育情况形成的一种职业能力分析方法。每一个职业都可以用一定数量的典型工作任务进行描述，通过工作任务分析会确定并描述职业的典型工作任务，以及完成典型工作任务需要具备的职业能力。工作任务分析会是一种科学、高效、经济的职业能力分析方法，工作分析会的结果可以作为人才培养方案开发、学生职业能力标准开发、课程开发的基础。

工作任务分析会由主持人、企业实践专家、专业教师参加。主持人首选非专业的教育专家担任，其次选择专业负责人，要求熟练掌握工作任务分析技术，语言表达清晰，善于引导和激发行业专家的思维，具备较强的现场协调和控制能力。企业实践专家指在生产一线直接从事生产操作和管理的专家，如班组长、工段长、技术员、工程师、车间主任等，最好具备高级工以上证书，尽可能选择在该领域具有十年以上工作经验，对所从事的职业领域有较为宏观、整体、前沿性的了解，善于与人沟通和合作，能够用清晰的语言和文字表达自己的意见，能够安排完整的一天时间进行会议而不受干扰。每次工作分析会需 9—12 位企业实践专家，专业教师在工作分析会过程中全程学习并提供一些辅助工作，工作任务分析会采用头脑风暴的形式进行。

（二）职业教育教学标准开发的过程

职业教育教学标准开发的过程可分为"调研—起草—审核论证—发布实施—优化调整"五个阶段。

1. 调研

调研包含两个环节，第一个环节需要认真学习、研究国家关于高职教育定位的政策，以及与本专业相关的行业、企业技术发展趋势。第二个环节是面向行业企业、毕业生、兄弟院校以及第三方机构，开展实地走访、问卷调查、调研访谈、网络调研等多种形式的调研，形成调研报告，确定与标准相关的岗位的技能、素质要求、培养目标定位等。

2. 起草

结合实际落实国家教学标准的要求，准确定位专业人才培养目标与培养规格，合理构建课程体系，安排教学进程，明确教学内容、教学方法、教学资源教学条件保障等要求。在标准起草的阶段，需要特别注意要对经过各种调研、分析而来的能力要求进行"教学论转化"，按照学生学习规律和技术技能人才的成长规律，以及学校和专业自身建设的基础，科学合理地设置教学内容，安排教学进程。

3. 审核论证

教学标准制定完成以后，应当经过至少三轮的审核论证。第一轮，专业教学委员会的论证。这个环节，主要参与的人员是专业建设委员会的专家，由专业教师、教育专家和行业企业专家组成，审核论证的重点是目标定位是否准确，课程设置或教学内容是否符合行业企业的需求。第二轮，规范性审核。这个环节参与的人员主要是校内各参与人才培养的部门人员，审核论证的重点是教学进程和各环节的安排是否符合学校人才培养的规律和要求。第三轮，校长办公会和党委会审核。这个环节，主要由学校领导班子对教学标准开发的过程、环节和内容进行审定。通过校长办公会和党委会审核的教学标准，才能正式印发，向社会公开发布。

4. 发布实施

审定通过的教学标准，学校须按程序发布执行，必要时报上级教育行政部门备案，并通过学校网站等主动向社会公开，接受全社会监督。

5. 优化调整

学校应建立健全教学标准实施情况的评价、反馈与改进机制，根据经济社会发展需求、技术发展趋势和教育教学改革实际，及时优化调整。

第三节　职业教育教学各主体标准开发

一、学生职业能力标准开发

（一）学生职业能力标准的内涵

1. 学生职业能力的界定

本书中的职业能力是指人们在真实的工作情境中整体化地解决综合性问题的能力，是从事一个（或若干相近）职业所必备的本领，是个体在职业工作、社会、个人情境中运用科学的思维、本着对个人和社会负责的态度来行事的热情与能力。

职业教育中，学生的职业能力必须通过与工作情境相关的职业行动才能完整体现出来。职业能力包含专业能力、方法能力和社会能力。专业能力是职业业务范围内的能力，是在专业知识和技能的基础上，在特定方法引导下，按照专业要求有目的地独立解决问题并对结果加以评判的意愿和能力。专业能力是劳动者胜任职业工作、赖以生存的核心本领。方法能力是指针对学习与工作任务，独立制定解决问题的方案并加以运用的能力和意愿，强调解决综合问题时的目标性、计划性和获得成果的程序性。方法能力常常表现为获取新知识新技能的能力，在复杂的学习和工作过程中搜集和加工信息、独立寻找解决问题的途径，并把已获得的知识、技能和经验运用到新的实践中。方法能力还包括对工作的评价、对自我行为及结果的评价。社会能力是经历和构建社会关系、感受和理解他人的奉献和冲突、懂得互相理解，并负责地与他人相处的能力和意愿，包括社会责任感、团队意识、合作、劳动组织等。社会能力是与他人交往、合作、共同生活和工作的能力。学习的内容是工作，通过工作实现学习，这是职业能力培养的基本规律。职业能力形成的三个基本条件是：学习的对象是工作，面对全面的工作要素（工作对象、工具、工作方法和劳动组织方式、工作要求等），经历完整的工作过程（获取信息、制订计划、实施计划和评价反馈）。

2. 学生职业能力标准的内涵

本书中的学生职业能力标准是指依据行业企业（职业）岗位能力需求，按照人的全面发展理念确定的高职院校毕业生应达到的一种职业能力状态标准，是高职院校的人才培养质量标准，是一种教育性标准。学生职业能力标准是人才培养目标和培养规格的具体体现，反映高职院校教育的本质特征和内在要求，是制定课程教学目标、教师教学能力标准、教师专业技术能力标准、教学实施等的重要依据，学生职业能力标准区别于国家职业标准。高职院校作为一种独特的教育类型，其专业设置遵照教育本身的规律，注重学生综合职业能力的培养。国家职业标准作为工作标准，包括的要素较为单一，侧重对从业者的操作技能、工作规范方面的要求，而高职院校学生其他的职业能力要素按照这一标准无法体现出来，国家职业标准的作用只有在分析高职院校学生的专业能力时才能充分体现。

（二）职业能力等级标准开发的关键点

1. 职业能力等级标准的体例框架

职业能力等级标准的体例构成上，由专业概况、职业能力等级要求、职业能力测试要求、样题四个部分组成。专业概况包括专业代码、专业名称、培养目标、主要就业岗位。在学生职业能力等级标准的级别上，将职业能力等级分为两级，每个职业能力等级分别对该级别的工作任务、职业能力要求、相关知识和技能，以及职业素养进行描述，要求具体化、可度量、可检测，易于理解，便于实施。职业能力测试要求包括测试的内容、方式、时间和评分规则。测试的内容涵盖学生职业能力等级标准中的学习内容。

2. 职业能力等级的划分

职业能力等级分为两级，按照完成工作任务的难易程度、工作责任、活动范围、知识技能要求进行划分，高级别应能涵盖低级别的要求，职业能力等级划分的依据如下：

一级：能够熟练运用专业知识和专业技能完成较为复杂的开放性工作任务，在工作中遵守职业规范和职业行为准则；能够与他人合作，完成作为团队成员或团队负责人所履行的职责；能够清楚地展示工作成果并对成果进行评价。关键词为：熟练运用、专业技能、较为复杂、合作、展示和评价。

二级：能够熟练运用专业知识和专业技能完成复杂的、创新性的工作任务，能够通过资料查询、分析研究或借助团队的力量处理和解决技术或工艺难题，在方案设计、产品设计、技术技能方面有创新；能够清楚地展示工作成果并对成果进行评价。关键词为：熟练运用、专业技能、复杂、创新性、研究与合作、展示和评价。

3. 工作任务的确定

职业能力标准中需要对某一等级应完成的具体工作任务进行确定。

此处的工作任务是指根据企业实践专家分析得出的典型工作任务开发的学习性工作任务。由于在学校实际教学实践中，并不是所有的典型工作任务都适合作为学习任务，也不是针对所有学习内容都恰好有真实的工作任务，因此需要对工作任务分析会的结果进行教学化处理，即转换为学习性工作任务，并使之符合专业人才培养的目标要求。必要时需要设计一些模拟工作任务以及集成的工作任务，但不管是模拟的工作任务还是集成的工作任务，都必须能够反映该职业的典型工作任务的要求，对本专业（职业）的职业实践具有重要意义，完成任务具有完整的行动过程，体现理论实践一体化，有一定的复杂性。

不同的职业能力等级应能完成不同难度的工作任务，不同难度可以体现在工作任务本身的不同，也可以是同样的工作任务但在工作内容和工作要求上有不同的级别。

4. 相关知识和技能的确定

职业能力标准需要描述达到该等级要求的必备相关知识和技能。知识一般包括完成工作任务所必需的专业技术理论知识，与专业紧密相关的安全生产知识法律法规知识、环境保护知识以及特定情境下的工作过程知识等。技能一般指操作技能，是指为达到预定的目标运用特定工具和方法改变工作对象的方位、物化形态等所进行的操作，是通过学习而形成的合法的操作活动方式。

5. 测试要求

测试要求包括测试内容、测试方式、测试时间、评分规则。测试内容为职业能力等级标准中所涵盖的学习内容。

测试方式包括理论考试和综合实践考核。理论考试主要考查学生是否掌握必备的专业理论知识、职业理论知识以及一般认知分析能力。理论考试需建立试题库，从题库中抽取试题组成考卷进行考试。综合实践考核的目的是考查学生是否掌握了专业技能、必备的理论知识，是否具备了职业行动能力，以及达到哪一个级别的能力水平。综合实践考核要具有综合性，体现理论实践一体化，体现完整的工作过程，包括学生完成工作计划制订、实施计划、过程控制评价工作结果等。综合实践考核要包含对学生语言表达、行为规范、职业素养等方面的考核。

测试时间根据各专业情况确定。二年级、三年级均可安排（或学生申请）参加一级职业能力测试，通过一级职业能力测试的可安排（或学生申请）参加二级职业能力测试。

评分规则包括理论考试和综合实践考核的评分方法、分值比重、达标要求等。各专业职业能力测试应体现"6+N"评价维度，即至少从规范性（Standardization）、合作性、经济性、环保性、忠诚性、创新性六个维度进行评价，此外各专业还可根据专业特点增加展示性、功能性等，"6"为必试维度，"N"为可选维度。

二、教师标准开发

（一）开发思路

开发教师职业能力标准的总体思路是以相关理论为指导，以国内外先进经验为借鉴，以促进高职院校教师能力提高为目标，标准开发的方法上以工作分析为逻辑主线，以教师的教学能力和专业技术能力为核心，以教师职业生涯发展为阶段构建教师能力递进标准。

1. 以教师工作分析作为标准开发的逻辑主线

职业能力是人们在真实工作情境中整体化地解决综合性问题的能力，可以采用访谈、调研、工作任务分析等方法，对教师这一职业进行工作分析并找出工作领域，每个工作领域又可细分为具体的工作任务，以此确定完成具体工作任务所需要的职业能力。例如，高职教师最核心最基本的工作是教学，将教师的教学工作领域分为教学设计、学习指导、教学评价、课程开发、教学研究等几个方面，详细列出完成这些教学任务所对应的具体职业能力，并结合不同的发展阶段提出不同的要求。

2. 师资标准应明确教师专业技术能力要求

高职院校教师包含担任公共基础课程的教师和担任专业技术课程的教师，对于专业课程，教师必须具备一定的专业技术能力，才能胜任专业课程的教学。我国高职教师的任职条件强调的是学历标准，对行业工作经历和专门性的职业教育教师资格证书并无要求。教师取得高校教师资格证书是目前我国高职院校教师岗位的首要要求，此外，还有学历和学位的要求。拥有学历和学位并不能代表具有技术能力，在我国，由师资培训基地——高等师范学院或普通高等院校为高职师资队伍提供高校教师资格课程、学历教育课程，只注重高等教育的一般特性，忽视高等职业教育教师应有的"以行业经验为首"的职业教师的特殊性要求，缺少与职业教育教学工作息息相关的职业条件和"双师型"专业技术能力要求，也没有规定要依据全国统一的职业教育教师职业能力培训标准来鉴定、评价学习成果，这对于专业课程教师的专业发展十分不利。因此，在制定职业能力标准时，应体现教师专业技术能力的要求，详细列出教师所需达到的专业技术能力相应指标。

3. 结合教师职业生涯确定教师发展标准

教师职业生涯的终身发展，能够帮助教师进行更理性的职业生涯发展规划，因此，应将教师职业生涯的发展分为若干阶段，针对不同阶段划分出职业发展画像，对各等级需达到的目标要求做出详细的描述，有效地实现从职前、入职到职后顺利的持续的发展。

（二）教师标准的构成

借鉴国外教师能力标准制定的经验，结合国内实际情况、标准开发基础、实践经验以及上述开发思路，本书认为在高职院校教师能力标准体系的结构上，应包括教师教育教学能力标准、教师专业技术能力标准及教师职业发展标准。

（三）教师标准的主要内容

1. 教师教育教学能力标准

教师教育教学能力标准分为五个等级和五个能力维度。五个等级分别为新教师（1-2年）、双师素质教师（3-5年）、骨干教师（5-15年）、专家型教师（15-20年）、领军人才（20年以上），能力要求依次递进，高级别涵盖低级别。五个能力维度分别为课程开发、教学设计、教学实施、教学评价、教学研究，每个等级根据教师职业发展的阶段特点从五个能力维度选择适合相应阶段教师教育能力发展要求的指标。由于每位教师的入职背景、经历、能力不同，五个等级中的学校工作年限仅供参考。教师教育教学能力标准由学校教学管理部门制定可以为教师主动提升专业素养和教学能力指明路径和方向，为学校开展教师培训、考核提供依据。

2. 教师专业技术能力标准

依据相应专业学生职业能力标准，该标准中要求的必备相关知识和技能也是承担相应课程或者教学任务的教师所应该达到的。教师专业能力指标中的专业知识和专业能力即来源于学生职业能力标准中的知识和技能的要求。知识一般包括完成工作任务所必需的专业技术理论知识，与专业紧密相关的安全生产知识、法律法规知识、环境保护知识以及特定情境下的工作过程知识等。技能主要指操作技能，是指为达到预定的目标运用特定工具和方法改变工作对象的方位、物化形态等所进行的操作，是通过学习而形成的合法则的操作活动方式。教师在掌握专业知识和专业技能的同时，还应该具备实施该专业课程任务的综合能力，所以在教师专业能力标准中提出了达标测试要求，教师必须通过达标测试，才能承担相应的教学任务。教师专业技术能力标准由各专业教学团队制定，并由专业团队组织对教师进行培训、考核。

3. 教师职业发展标准

为了给高职院校教师提供具体明确的职业发展参照标准，帮助教师进一步明确发展方向和发展任务，通过教师工作任务分析会，在岗位素质能力分析的基础上，以学校发展战略目标为引领，根据高职院校教师成长发展的规律，制定了教师职业发展标准。教师职业发展标准由低到高分成五个等级，每个等级标准均包括职业道德、教育教学、教研科研、社会服务与实践、学习发展五个维度，每个维度包括若干个具体指标。教师可以根据自身目前实际情况，选择一个相对匹配度较高的等级标准进行自我诊断。教师职业发展标准可以帮助教师了解现阶段自身发展状况，认识自身优势与不足，明确自身发展目标和"最近发展区"发展目标，增强持续改进的意识，促进教师健康成长；同时让学校准确了解教师职业发展的状况，为学校教师队伍建设决策提供科学依据，为教师职业发展提供有针对性的服务和支持。教师职业发展标准由学校教师发展中心（或人事处）、教务处专业团队协商制定。

第三章 职业教育的教学与课堂

职业教育是一种特殊的教育形式，它有其独特的价值追求。这一独特的价值取向，就是培养大学生的专业能力、专业素质。本章主要论述职业教育的教学与课堂，主要内容包括职业教育教学的探讨和职业教育的课堂生态。

第一节 职业教育教学的探讨

一、职业教育教学目标

教学目标是教学活动实施的方向和预期达成的结果。在教学中，任何一项教学活动都应当围绕着教学目标进行设计和实施。教学目标是一切教学活动的出发点，它决定了教学者应该使用哪些教学方法、教学资源以及实施教学的具体步骤。同时，教学目标也是教学活动的最终归宿，它决定了教学的价值是否得到充分体现。因此，对职业教育教学目标的研究，应从职业教育教学目标的价值取向入手，提出职业教育教学目标及其结构。

（一）职业教育教学目标的价值取向

职业教育教学的价值虽然在满足个体发展和社会发展的需要方面发挥着重要作用，但在满足职业发展需要方面的作用更加显现。因此，职业教育教学目标的价值取向于个体发展、社会发展和职业发展的需要。

1. 个体发展的需要

在学生个体发展需要方面，职业教育教学目标的价值具体体现在学生个体发展的方向和水平上。长期以来，在教学目标的研究和使用上，人们一直十分关注学生个体发展的水平，忽视学生个体发展的方向，而学生个体发展的方向往往比学生个体发展的水平更重要。

20 世纪 80 年代，哈佛大学的发展心理学家霍华德·加德纳博士提出了多元智能理论，此理论认为，人类的智力是由多个因素组成的，而不是单一的。具体来说，这些因素包括语言智能、数学逻辑智能、空间智能、身体运动智能、音乐智能、人际智能、自我认知智能、自然认知智能。每个人都拥有不同的智能优势组合。

（1）语言文字智能是多元智能理论中的一种，指的是人们灵活掌握语音、语义、语法等方面知识，能够有效地运用口头语言或文字表达自己的思想，并能理解他人的信息。具有语言文字智能的人能够熟练使用不同的语言文字和说话技巧，擅长讲授、辩论、演说、写作等领域。在职业方面，具有语言文字智能的人适合从事讲师、主持人、律师、广告、市场推广、公关、编辑、作家、记者、教师等需要与人沟通、表达和写作的职业。这些职业都需要人们灵活地运用语言、文字技巧，能够清晰、精确地表达和传达信息，达到与人沟通、交流的目的。因此，语言文字智能使人在这些职业领域中能够发挥出非常重要的作用。

（2）数学逻辑智能是一种能够以高度灵活和精准的方式处理数字、量度、推理、归纳和分类的能力，同时还能够解决高难度的数学问题，它具有逻辑性强、准确性高等特点。这一类人具备高度的逻辑结构和联系的敏锐性，能够精准地表达观点和声明，深刻理解相关的抽象概念和功能。数学逻辑思维具有高度灵活性、逻辑性，它能帮助人们在复杂的情境中做出正确的判断或决策，从而达到解决问题的目的。对于那些具有较高智商和数学逻辑精通的人而言，他们可以考虑从事科学家、会计师、统计学家、工程师、电脑软件研发等职业领域。

（3）视觉空间智能是一种能够以视觉方式表达所感受到的形象的能力，它通过对周围事物的观察和空间感知的精确性来实现。它与其他认知领域一样，需要通过各种感官来获得信息，并进行加工处理后才能产生意义。这类智能具有高度的感知力和理解力，能够敏锐地捕捉和理解色彩、线条、形状、形式以及空间之间的相互关系，通过各种视觉器官与外界进行交流。如果人们具备视觉空间的智能，那么他们就可以从事室内设计、建筑设计、摄影、美术创作、飞行等多种职业。

（4）身体运动智能指的是具备身体语言表达思想和情感的能力，同时熟练掌握双手制作或操作物品的技能。它主要表现在能够根据自己对物体动作的理解，通过肢体去完成特定任务并获得预期结果。此项技能涵盖了身体上的多种技巧，包括平衡、协调、敏捷、力量、弹性、速度，以及感知触觉的能力。在日常生活中，身体运动智能被用来处理复杂而困难的任务，如控制体重、提高耐力和增强肌肉灵活性。对于那些具备身体素质和智力的人，如运动员、演员、舞蹈家、外科医生、宝石匠、机械师等，都是理想的职业选择。

（5）音乐节奏智能是一种高度敏锐的感知能力，它可以感知音乐中的音调、旋律、节拍和音色等元素，从而为人们提供更加精准的音乐体验。音乐节奏智能是一种先天具有的音乐天赋能力。这一项技能在感知音乐节奏、音调、旋律或音色方面表现出色，且天生具备音乐才华，能够娴熟地演奏、创作和思考音乐。音乐节奏智能是音乐天赋的核心要素之一。那些具备音乐旋律智力的人，或许更适合从事与歌唱、作曲、指挥、音乐评论或调音等相关的职业。

（6）人际互动能力是指在人际交往中展现出对他人的深刻理解和高超交际技巧的一种能力。人际互动能力包括对自己的认识和评价、沟通技巧及语言运用三方面的内容。该智能具备感知他人情感和情绪的能力，能够洞察他人的情感和感受，准确识别各种人际关系的线索，并做出相应的反应。一个成功的领导者应该具有良好的沟通技能。那些在人际交往方面表现出色的人，适合从事政治、外交、领导、心理咨询、公共关系或销售等领域。

（7）自我认知智能是一种认知能力，它能够通过对自身能力、情感状态和行为动机的准确判断，采取适当的措施以提高自身的能力和表现。自我认知智能包括自我概念、自我意识和情绪控制能力三个方面，其中自我概念是基础。该智能拥有自我认知的能力，能够洞察自身的长处和短处，察觉个人的兴趣爱好、情感状态、决策意向、情绪反应和自尊心，同时还具备独立思考的能力。在社会上有较高声望和影响力的人群中，他们往往都具有良好的自我认知智能。那些拥有自我认知智能的人，更适合从事如哲学家、政治家、思想家和心理学家等职业。

（8）自然认知智能是指对自然界中各种事物进行观察、分析和分类的能力，能够理解和掌握自然界的规律和趋势。这项智能充满了好奇心，渴望得到知识，能够敏锐地观察和辨别事物之间微小的差异。那些天生具备高智商和自然智慧的人，通常适合从事天文学、生物学、地质学、考古学、环境设计等领域的工作。

多元智能理论为学生个体发展方向的选择提供了科学依据。尽管职业教育是培养技能型人才的教育类型，但是技能型人才的职业发展方向也取决于个体的智能结构。因此，职业教育教学目标体现学生个体发展的需要，就需要依据不同学生不同的优质潜能确定其发展方向和发展水平。

2.社会发展的需求

职业教育是与经济社会发展最密切一种教育类型。以高新技术产业为支柱的知识经济时代的到来，对接受职业教育的学生个体提出了更高的要求。知识经济时代以创新为灵魂，以资产投入无形化、经济发展可持续化、世界经济一体化、价值取向智力化、学习终身化、市场竞争合作化、低碳环保绿色为主要特征，对劳动者的素质、就业方式和职业生涯发展等都提出了新的要求[1]。因此，职业教育教学目标关注社会发展的需要，就需要注重对学生民主意识、创新能力、绿色理念的培养。

3.职业发展需求

在职业发展的需要方面，职业教育教学目标的价值不仅要体现在越来越高的职业特质上，还体现在职业迁移能力上。

长期以来，职业发展存在两大趋势。一是各类职业对其从事者的职业特质要求越来越高。以高技术含量、高附加值、强竞争力为特征的高端制造业对技能型人才技术特质的要求、以个性化服务为理念向社会提供高附加值的生产服务和生活服务的现代服务业对技能型人才服务特质的要求，以及现代文化艺术产业对技能型人才文化艺术特质的要求，都是前所未有的。二是新职业出现和旧职业消失速度在不断加快。职业是社会分工的结果，是人类社会生产和社会生活进步的标志。随着经济和社会的不断发展，科学技术的突飞猛进，职业的数量、种类、结构、要求都在不断地发生着变化。这种职业发展趋势加速了个人职业的变化，对个人的职业迁移能力提出更高的要求。

（二）职业教育教学目标的结构设计

职业教育教学目标要承载个体发展、社会发展和职业发展的需要，体现个体发展、社会发展和职业发展的价值，需要多维指标来实现，必然形成结构化的职

---

[1]　邓泽民.知识经济与创新[M].北京：煤炭工业出版社，2002.

业教育教学目标。

1. 方向性目标的设计

（1）方向性目标的提出

多元智能理论研究，提供了人的智能结构是不同的科学依据，而不同智能结构在一定程度上决定着人们擅长什么职业。对我国接受职业教育的毕业生工作 10 年以后的发展研究也表明：一般分布在四个职业生涯方向上，一是技能得到充分发展，成为行家里手；二是营销能力得到开发，成为营销人才；三是进行管理层，成为管理人才；四是自己创业，成为企业家。因此，职业教育教学应设定方向性目标。

（2）方向性目标的结构

职业生涯发展的成功从个体分析，取决于个体智能结构与职业生涯发展的匹配。因此，职业教育教学的方向目标是智商、情商、财商、逆境商数、创业商数、创意商数、职业商数、领导影响力商数、机遇商数、成功商数、压力商数、健康商数、完美商数、人际 / 社会交往商数、学习商数、魅力商数、系统商数、判断商数、精神商数、发展商数、道德商数、胆气商数、心理商数、意志商数、灵感商数等的组合。

2. 层次性目标的设计

（1）层次性目标的提出

1989 年，职业分析方法被我国职业教育界所认识，并在我国职业教育教学改革中广泛应用，由于增强了职业教育教学目标的针对性，专业教学目标与职业岗位要求接轨，毕业生的职业能力明显增强，我国职业教育学质量和教学效率明显提高。但几十年的职业教育教学改革，仍没有解决一流技能型人才的培养问题。当职业教育发达国家，运用能力本位的教学目标，辅以优良的师资、较高的投入和企业的配合等培养出世界一流的技能型人才的时候，我们却在师资质量、资金投入和校企合作等方面遇到了困难，虽然通过努力，师资和校企合作等问题能得到解决，但作为一个发展中国家，不可能做到通过大量训练培养出一流的技能型人才。我们需要找出一种代价小，又能培养出一流技能型人才的方法。层次性教学目标的提出，使职业教育教学目标的针对性更强，不但知识、技能、态度、能力目标明确，而且职业要求的情感、思维、行为和语言目标也明确起来，将弥补我国职业教育遇到的师资质量、资金投入和校企合作等方面的不足。

另外，职业教育的教学价值追求一流技能型人才的培养。实际上，任何一类教育的追求都是培养精英。特别是随着现代农业、高端制造业和现代服务业的发展，对技能型人才提出了很高的要求，技能附加值也呈数十倍增长。这时，如果职业教育教学目标还停留在学生能干，而不是能干到卓越和怎样才能干到卓越上，就赶不上时代的发展和产业发展的要求。面对激烈的国际竞争和我国经济发展方式的转变、产业结构调整升级要求，职业教育教学目标也需要定位在一流技能型人才的培养上。

（2）层次性目标的结构

职业教育教学的层次性目标，分为三个层次。第一层是知识、技能和态度目标；第二层是教学目标是职业能力目标；第三层是教学目标是职业特质目标。

第一层：知识、技能和态度目标。

知识是个体通过与其环境相互作用后获得的信息及其组织。知识分为陈述性知识和程序性知识。前者用于说明事物是什么、怎么样、为什么等问题，如描述某种事实，陈述某种观点、信仰等；后者主要回答做什么、怎么做的问题，是一种实践性知识，该类知识也称为操作性知识。因此，知识目标包括陈述性知识目标和程序知识目标。

技能是通过学习而形成的活动方式。技能一般可分为两类：操作技能和心智技能，操作技能又叫运动技能或动作技能。因此，技能目标包括操作技能目标和心智技能目标。

个体行为选择的内在准备状态或反应的倾向性，是由学习所塑造的态度所决定的。该构成包含了认知、情感和行为三个方面的要素。个体的态度指对象所持有的观念和信念构成了认知成分，这些成分具有评价意义。个体的态度所包含的认知成分因个体而异，有些人以理性为基础进行思考，而有些人则基于情感冲动；有些信息可能是基于准确的，而另一些则可能是基于错误的。情绪或情感的产生与态度的认知成分密切相关，二者共同构成了态度的情感组成部分。其中态度的心理状态成分是指个体在一定情境下形成的与之相对应的心理活动模式，有积极和消极两种基本类型，并以此来判断一个个体的态度是否存在偏差。个体的态度行为倾向成分指的是其所表现出的行为意向，即对特定对象做出某种反应的准备。

在职业教育中，态度的内涵更为广泛，不仅包括一般意义上的态度，还涵盖了职业精神（包括敬业精神和创业精神）、职业信念以及职业道德等多个方面。

第二层次：职业能力目标。

在心理学上，能力常常定义为直接影响活动效率，并使活动顺利完成的个性心理特征，是在知识学习、技能训练、态度养成后，通过完成任务形成的。所以，能力目标是比职业教育教学第一层知识、技能和态度目标更高层次的目标。在职业教育教学实践中，能力是指个体能够完成一项任务的能力。因此，能力目标一般用一项项完整的任务来描述。

第三层次：职业特质目标。

研究表明，在技能型人才中，那些杰出的个体之所以脱颖而出，不是因为他们了解什么，也不是因为他们有能力做什么，更不是因为他们具备了各种职业所需的共同职业素质，而是因为他们掌握了自己从事职业活动的价值，拥有了与所从事职业相匹配的独特职业素质。职业特质是一个人向特定岗位或领域集中时形成的一种独特的心理状态和心理特征。这种从事不同职业所特有的职业素养即为特质，它能够将那些在工作中取得卓越成就的人与那些取得一般成就的人区分开来，是一种深刻的特征。职业特质是一种具有特定意义和形式的特殊心理品质体系。职业特质在多个方面得以体现，包括但不限于职业情感、职业思维、职业行为以及职业语言等。职业特质具有稳定性和发展性两个特点，即职业特质一旦确定下来就不会改变。因为职业特质只能通过完成职业任务而形成，而且它是一种比职业能力更稳定的个体心理特征。所以职业特质目标是在职业能力目标基础上形成的，它是职业教育教学中的一个最高水平目标。

二、职业教育教学内容

对职业教育教学内容的研究，需要解决职业教育教学内容的选择和组织两个重要问题。

（一）职业教育教学内容的选择

教学内容的选择是为了教学目标的实现，为此，职业教育教学内容的选择应依据职业教育的教学目标进行。

1. 职业教育教学内容选择的范围

人的成长，依靠直接经验和间接经验。直接经验是指亲身参加变革现实的实践而获得的经验；间接经验是从别人，甚至说从人类积累的那些经验里获得的经验。在接受教育期间，人的成长主要依靠间接经验。因此教学内容的选择，是从人类间接经验中，选择适合于学生学习特征和学生成长需要的经验。因此，从人类教育教学实践分析，教学内容的选择取向主要分为以下七种：道德主义取向、百科全书取向、文艺复兴取向、形式训练取向、唯科学取向、经验取向和社会取向。

职业教育是培养技术技能型人才的教育类型，这种类型的人才需要的人类积累的经验是以理论知识体系、技术方法体系和职业活动体系存在着。因此，职业教育教学内容应从理论知识体系、技术方法体系和职业活动体系中进行选择。

2. 职业教育教学内容选择的方法

在确定职业教育教学内容时，需要考虑理论知识体系、技术方法体系和职业活动体系等因素。鉴于这些体系的特点各不相同，所以选择的方法也会有所不同，以确保所选择的内容不改变原来的意思。

（1）理论知识选择的方法

通过分析相关学科的理论知识和职业能力目标之间的关系，来确定最合适的方法。在选择学科理论知识时，主要关注的是学生对知识体系的全面掌握，而非局限于某些具体细节的掌握，强调深度和难度的提升。强调这门学科及其各部分理论知识的实际应用价值，而不是强调其作为学术研究的对象。

（2）技术 / 方法的选择

我们可以分析职业能力目标，并衡量哪些技术或方法能够辅助实现这些目标。在考虑使用特定技术或方法时，重要的是让学生了解该技术或方法的发展历程和演变过程，以此培养他们的技术创新意识。学校注重培养学生对技术的整体理解，以此提高他们学习新技术的自主能力；强调培养学生的实践技能，让他们掌握技术应用操作，并提升他们的技术应用能力；重视培养学生在职业活动中进行技术比较和选择的能力，包括帮助学生区分同类型其他技术的特点。

（3）典型任务选择的方法

根据职业能力目标，评估学校和企业提供的教学资源，筛选典型任务作为职业教育教学的具体内容。在决定从事某一职业活动时，应该权衡任务的典型性和趣味性，同时也要确保难度不会过高或过低。典型性指的是所选职业活动是属于毕业后常见、具有代表性的活动。趣味性指的是能够迎合学生的心理特点、引起他们的学习兴趣，从而让他们在学习过程中不仅具有高度的学习积极性，还能够体验到学习的乐趣。难易适中是指选择的职业活动要考虑到学生的能力水平，确保不过于困难或过于简单。

（二）职业教育教学内容的组织

职业教育教学内容的组织形成课程和课程体系。在职业教育教学内容的组织过程中，首先通过职业教育教学内容的分类形成一门门课程，构成专业的课程体系，然后是每一门课程内部结构的设计和内容的组织。

1. 职业教育教学内容宏观组织

职业教育教学内容的宏观组织是指职业教育专业课程体系的形成和各类课程间的逻辑关系。

（1）课程体系的形成

职业教育教学内容的宏观组织方法如下图所示，形成有活动课程、学科课程和技术/方法课程形成的专业课程体系。

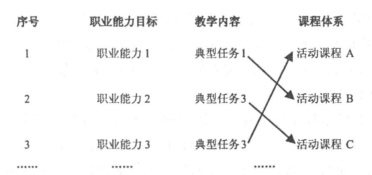

活动课程体系形成

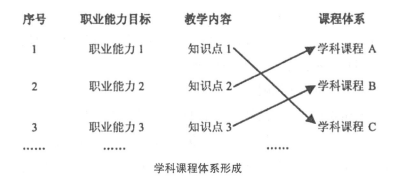

学科课程体系形成

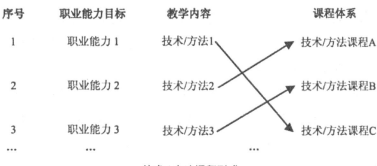

技术 / 方法课程形成

（2）课程间的逻辑关系

职业教育是一种以能力为导向的教育，而能力的培养只能在实践中进行，所以为了培养职业特质，教育更需要进行与职业相关的实际活动。因此，活动课程在职业教育教学中具有培养能力和塑造职业特质的重要职责。所以说，活动课程是专业中至关重要的课程。学科课程和技术方法课程的主要目的在于启发学生的思维能力、拓展学生的视野、培养学生的综合素质和能力，帮助学生在实践中应用所学知识，推动学生成为具有创造性思维和实践能力的终身学习者，但这还不是最终目的。最终目标是为了促进活动课程的发展，培养学生的职业能力和职业特点，使他们成为能够不断发展的知识和技术型技能人才。

2. 职业教育教学内容微观组织

职业教育教学内容微观组织指的是各类课程内部结构的设计和内容的组织。在职业教育领域中，不同类型的课程，如活动课程、学科课程和技术方法课程等，其开设目的和功能都具有一定的差异。因此，在设计和组织课程的内部结构和内容时，需要根据不同类型的课程的目的和功能，采取不同的组织形式和教学策略。

（1）活动课程的结构

活动课程开设的目的是职业能力培养。因此，活动课程的功能是构建学生的职业活动逻辑顺序和能力学习的心理逻辑。

①活动课程垂直组织原则

一般垂直组织标准有连续性和顺序性两个标准。对于教育教学中的课程设计和教学组织，连续性和顺序性都是非常重要的标准。连续性能够帮助学生更好地理解和掌握基础知识，同时也能够将不同的学习内容连贯起来，形成一个完整的知识框架。而顺序性则能够帮助学生更加系统地学习知识，将学科领域的知识串起来，清晰地展现出不同层次之间的关系和联系。这两个标准在课程设置、教材编写、授课方式等方面都具有非常重要的作用。这两个标准在职业教育课程的垂直组织上，体现在以下三个方面。

第一，职业活动难易序列。职业活动完成起来难易程度不同，遵循先易后难的教学原则，职业教育活动课程的垂直组织一般应遵循由易到难的逻辑设计。

第二，职业活动逻辑序列。任何一个职业活动的完成都需要经过一个完整的工作过程，而这个工作过程，从开始到结束都具有程序逻辑序列。职业教育课程应按照职业活动的逻辑序列进行垂直组织。

第三，职业能力形成逻辑序列。根据心理学研究成果，职业能力形成需要由多个环节构成，而每个环节是具有不同特点的较为复杂的过程，如下图所示。

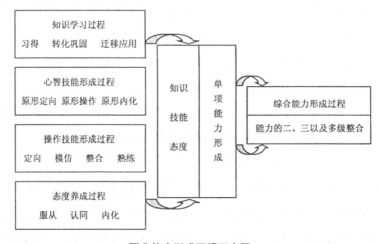

职业能力形成逻辑示意图

习得是指在学习任务的引导下，学习者有意识地接受新的信息，并将其与已有知识相互交融，从而产生新的联系，并将其固化下来。在学习的最初阶段，所掌握的知识都是描述性的，对于涉及程序的知识而言，学会的是其基础形式，即程序知识的描述方式。转化和巩固是指新知识能够往两个方向发展：一方面，将知识存储并进行恰当的复习，这样一来，这些知识将不断形成新的、有机的知识结构，还可以改变原有的知识结构，实现知识的巩固。另一方面，一些知识被反复练习，逐渐转化为可操作的程序性知识。迁移和应用指的是在知识应用阶段，将不同类型的知识应用于解决各种不同的问题，这样做的目的是为了更深入地掌握这些知识。可以通过提取陈述性知识来回答关于"是什么"等问题。编程性知识被应用于解决实际问题中的"怎么办"问题。

原型定向是指个体在心理上形成了对行为方式的定向图像，一旦形成，它可以引导个体今后的心理活动，并成为心理活动的基础。这种定向图像对于后续的思考行为具有重要的影响。原型操作是将在大脑中形成的操作程序以外在的方式付诸实践。原型内化是指将思维活动的实际模式转化为内部的心理过程，通过内部语言的帮助，个人能够在内部进行程序化的思维活动，而且这些活动能够以简明快速的形式传达。

操作的定向是指通过对操作活动的结构进行了解，建立起头脑中的操作活动定向图像的过程。模仿操作是将已经形成在头脑中的定向映象通过具体的行动表现出来的一种方式，也就是说，通过实际行动来再现头脑中特定的动作方式或行为模式。操作的整合是指将在模仿阶段学习到的动作固定下来，同时将各个动作有机地结合起来，形成一个定型的、统一的动作。熟练度是操作技能发展的最后一个阶段，它的出现是因为对操作方式的总结和系统，使得操作变得更加娴熟。掌握娴熟技能的人具备以下特征：动作敏捷、稳定可靠和精准无误；动作的连续性、顺畅性和配合度；提高动作的控制性，使得我们能够敏锐地察觉环境变化并相应地调整动作方式。

顺从是表面上接受他人的意见或观点，在外显行为方面与他人一致，但在内心深处，仍有自己的认知和情感。在这种情况下，个人的态度会受外部奖励与惩罚的影响，这种态度是受到外部压力的影响所形成的，态度会随着外部情况发生改变而跟着改变。认同是指在思想、情感和态度等方面，自愿地接受他人的观点和影响，比顺从更加深入和自觉。因此，认同是主动承认自己受到他人或集体的影响，而非受到外部压力的控制。内化指的是将外部信息和知识融入自己的思想和信念中，从而形成一个完整的系统，与自己原有的想法和观点统一。当个人融合了各种价值观念，并在内心解决了各种矛盾和冲突后，遵循内化的价值观行动会带来愉悦和满足感。如果自己的行为与价值观不符，就会有内疚感和不舒服的情绪，从这时开始，一个稳定的品德态度开始显现。

教育中要确保符合一般能力形成的过程，按照心理逻辑顺序进行，避免对学生能力形成产生负面影响的情况，即避免违反能力形成逻辑。

②活动课程水平组织原则

整合是水平组织的标准。整合意味着将所选的不同课程要素进行比较和对比，并在考虑它们之间的差异的情况下，找出它们之间内在的联系，最终将它们合并成一个有机的整体。整合是职业教育课程水平组织的标准之一。该概念涵盖了将多个职业活动整合为一个更大的项目，或将多个任务结合成一个项目的过程，也称为职业能力整合。将知识、技能和态度相互融合，形成独立的、有针对性的职业能力，多个单项职业能力整合形成综合职业能力。具体如下图所示。

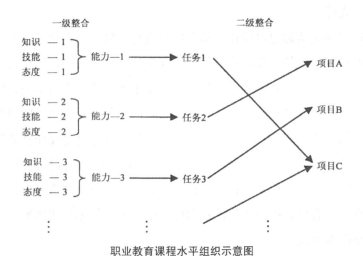

职业教育课程水平组织示意图

（2）学科课程的结构

学科课程的设立旨在培养学生对学科理论知识框架的深刻理解，以促进他们在活动课程学习和职业能力培养方面的发展。学科课程设置应遵循知识体系完整性原则、实用性原则和系统性原则，使学科知识与实践相结合，培养符合社会发展需求的人才。因此，学科课程的职能在于建立学生的学科理论知识的逻辑框架，该框架旨在为学生的实际应用提供有力支撑。

①学科课程垂直组织原则

第一，学科发展的时间序列。学科的起源和演变经历了多个历史阶段，每个发展阶段都带来了独特的机遇和挑战，因此我们需要对其进行全面而深入的介绍。鉴于其概括性，故通常被置于教材的导言部分。

第二，对于理论知识的运用，我们需要遵循一定的逻辑推理。从教育学的角度看，教育教学过程中的每一个环节都离不开理论指导。任何一门学科的理论都是在不断的应用和发展中逐渐形成和完善。通过引出理论知识，不仅可以与活动课程无缝衔接，更重要的是能够激发学生的学习热情，形成内在的学习动机。

第三，学科理论结构的逻辑。在教学过程中，教师应该从不同角度出发对教学内容进行整合，将学科知识有机地组织起来。该学科的结构呈现出高度的组织性和逻辑性，形成了一种高度系统化的结构。学科理论知识的系统性和逻辑性，与学生一贯的思维方式相契合，有助于提升学习效能。

②学科课程水平组织原则

第一，理论知识逻辑的框架。尽管理论知识具有分专题的特点，但要解决综合问题，必须将不同专题的理论知识进行有机融合。因此，在构建层次分明的组织结构时，必须充分考虑不同理论知识点之间的相互衔接和融合。

第二，理论知识的应用整合。为了完成某项工作任务或项目，需要将不同的理论知识点融合在一起，以形成一个有机的整体。

（3）技术课程的结构

技术课程的设立旨在培养学生掌握技术体系框架的能力，以便为他们的活动课程学习和职业能力的培养提供支持。在技能教学中，必须通过对具体项目进行分析与分解才能实现其价值，这也决定了技术课程体系具有一定的逻辑性和系统性。因此，技术课程的职能在于建立学生的技术架构，该架构的逻辑框架旨在为学生提供使用体验。

①技术课程垂直组织原则

第一，技术发展的时间序列。这项技术的起源与演变经历了多个历史阶段，每个发展阶段都面临着独特的挑战和问题，因此需要进行全面而深入的阐述。鉴于其概括性，故通常被置于教材引言部分。

第二，技术方法应用的逻辑。教学实践中我们常常发现一些教师在运用新的技术时感到很困难或无从下手，究其原因就是因为他们对技术方法的概念理解不清，导致在实际运用中遇到很多问题。任何一种技术方法的诞生和演进都是源于其使用方式的不断创新。通过应用技术方法，可以实现与活动课程的无缝衔接，激发学生的学习热情，从而形成学习的内在动力。

②技术课程水平组织原则

技术方法逻辑的框架。各种技术和方法皆是为了应对多样化的问题而应运而生。如果相互之间的联系不够紧密，那么在水平组织方面，可以采用并行的安排方式。如果我们需要解决综合性问题，那么我们可以将不同的技术方法融合在一起，以达到更高效的解决方案。

三、职业教育教学过程

教学过程的目的在于为实现教学目标提供支持，它是建立在动机发展、职业活动和职业能力形成等多个方面的基础上的。职业教育的授课过程可以被视为一种融合了兴趣培养、职业活动和能力塑造的有机整体。由于各阶段之间存在着差异，因而导致了职业教育的教学内容与教学方法以及评价标准等方面存在一定的差异性。因此，在探究职业教育教学过程时，必须以兴趣发展、职业活动和能力形成为指导，针对不同的教学目标进行研究，以考察职业教育的教学流程。

（一）从兴趣发展考察教学过程

当个体对某个领域产生浓厚的兴趣时，这种兴趣会激发他们的学习兴趣，从而促使他们充满热情地投身于学习之中。反之，如果缺乏这种积极性和主动性，就会阻碍个体掌握知识的进程，妨碍智力开发和能力培养。对于那些对某一领域表现出强烈而持久的兴趣的学生而言，他们会将该领域视为自己的主要研究方向，并在学习过程中自觉地克服各种困难和干扰。这种动机一旦成为一种持久的动力，就能极大地激发和调动学生的积极性、主动性。因此，考虑到学习动机的形成和发展规律，对教学的一般过程进行考察具有极其重要的意义。

1. 设趣阶段

设趣是教师通过分析学生本身的个体需要或者可能的外部诱因，为学生的学习设定学习目标和创设新异的学习情境。初学者常常感到所学知识具有抽象性和枯燥性，有时甚至会引发某种程度的畏惧情绪。如果我们把这些畏难情绪当作一种动力的话，那么这种学习就是消极的，若以此种心态去学习，个体将无法真正融入知识学习之中，只能被动地、机械地应对外界的需求。因此，为了激发学生的学习热情，教师应当制定明确的学习目标，构建具有挑战性的问题情境，以消除学生的心理障碍。

2. 激趣阶段

尽管设趣提供了新颖的学习环境，但仍不足以激发学生的学习兴趣和动力。激趣是唤起学生的兴趣和热情，引导他们积极探索和探究学习内容的方式。研究表明，对于学生来说，好奇心和求知欲的激发不仅可以提高学习积极性，还可能带来很多具有深远意义的发现和创新。除此之外，追求知识的欲望不仅仅推动着学生踏入科学领域，更是激励他们进行创造性活动的主要动力。因此，在教学过程中，教师应该激发学生的探究精神，促进他们的求知欲快速发展，并通过激活学习热情来培养学生积极主动的学习兴趣。除此之外，教师还应该注重挖掘学生的好奇心，激发他们渴望知识的热情，从而提高他们的兴趣水平。

3. 诱趣阶段

学习是一个逐渐深入、逐渐实现学习目标的过程。在这一过程中，激发学生的学习动机，引导他们进行自我探索和自我教育是至关重要的。诱发学生"生疑—思疑—释疑、再生疑—再思疑—再释疑"的螺旋式上升过程，这种过程被称为诱趣。在课堂教学中教师要善于运用各种方法和手段来诱导学生产生求知欲望，并引导他们去发现事物的规律，探索知识的奥秘。通过激发学生的好奇心和探究欲望，引导他们逐步加深对学习的理解，同时有效地培养他们的问题意识。

据陶行知先生所言，发明千千万，起点在一问。确实，创新之路始于对未知事物的质疑与探究。为了激发学生的好奇心和求知欲，教师需要在教学过程中精心组织和科学安排内容，以激发学生的好奇心和求知欲，从而产生对学生的诱惑。因此，提问艺术是提高课堂效率的重要手段之一。教师通过采用恰当的教学方法，针对教学的重点和难点，以一环扣一环的方式提出问题，从而引发学生"生疑—

思疑—释疑"的反应，这不仅要求学生对知识有所了解，更需要他们进行深入思考。只有这样，才能培养学生善于发现新知识，并能运用所学知识分析、解决问题的能力。每当学生成功解决一个问题，他们内心都会涌现出一股克服困难的激情，这也会让他们更加自信。

4.扩趣阶段

引导学生不断探索、培养创新思维、激发创新精神，这是扩趣的核心目标。教学过程中，教师应当善于把握时机，引导学生积极主动地发现问题，从而养成质疑难的良好习惯。要把学生引入"疑"境之中，使他们产生求知欲望。在教学过程中，激发学生的质疑精神，拓展他们的思维广度和深度，引导他们积极思考，勇于发现问题并解决问题。这样不仅可以发展学生的思维能力，而且还能提高学生对学习数学的兴趣，从而更好地发挥他们的主观能动性，促进其个性全面和谐的发展。让学生在追求更多、更深的过程中，点燃创造之火。教师要善于捕捉教材中的亮点，创设问题情境，激发学生学习兴趣，引发他们积极的探索活动。在课堂中，教师应引导学生以问题为引领，解决问题后再带着问题走出课堂，这种循环往复的过程不仅培养了学生的创新精神和创造能力，也为他们的未来发展奠定了基础。当进入诱趣教学阶段后，教学目标得以实现，而扩趣教学阶段则主要致力于达成课程目标所要求的表现目标。

（二）从职业活动过程考察教学过程

任何职业活动都要经历过程，这个过程是具有逻辑性的。教学过程的逻辑与职业活动过程的逻辑应保持一致性，以促进学生职业活动逻辑思维而形成。

1.过程导向的教学过程

有些职业活动的过程是固定的，一旦确定下来将不再随着职业情景的变化而发生任何改变，这类职业活动常常出现在技术类专业，当人们面对各种机械设备时，职业活动的过程常常被固定下来。职业活动的价值是追求活动的标准和规范，以求得职业活动结果的标准。对于这种职业活动，其教学过程应遵循过程导向的教学过程，如下图所示。

过程导向行动教学过程

其中，任务描述是提出任务、明确要求、给出设备工具等条件；任务分析是在质量、成本、时间等要求下，提出的科学、先进、可行、经济的方案。明确过程是向学生展示方案实施完整过程的各个阶段；任务实施是通过做中学，形成职业技能；成果评价是评价任务完成达成目标情况；学业评价是评价学生职业技能学习目标掌握的情况。

2. 情景导向的教学过程

有些职业活动的过程是不固定的，而是随着职业情景的变化不断调整，这类职业活动多出现在服务类专业。当人们面对客人时，随着客人或者情景的变化，职业活动就需要随时调整。职业活动的价值是追求不同情境下，通过服务以求得客户满意或惊喜的消费体验。对于这种职业活动，其教学过程应遵循情景导向的教学过程，如下图所示。

情景导向行动教学过程

其中，任务描述是提出任务、明确要求和条件；任务分析是在质量、成本、时间等要求下，提出的科学、先进、可行、经济的方案。职业情景是分析可能出现的各种职业情景；任务实施是情景分析采取最佳措施，通过做中学形成职业技能；成果评价是评价任务完成达成目标情况；学业评价是评价学生职业技能学习目标掌握的情况。

3. 效果导向的教学过程

某些职业的操作方式不是固定的，而且不会受到职业环境的改变所影响。在艺术专业中，通常会涉及这类职业活动。在这个领域的从业者中，人们注重职业活动所带来的成果，为了实现某种目标，可以尝试探索不同的职业领域，或者改变职业环境，这个过程如下图所示。

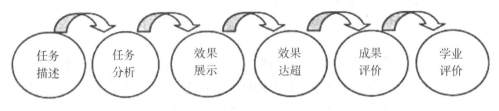

效果导向行动教学过程

在这些中，任务描述的作用是阐明任务、确定要求和限制条件；任务分析所提出的方案必须符合质量、成本和时间等方面的要求，且经过科学研究、先进技术、可行性考虑和经济分析后得出。效果展示是将先前所取得的成果呈现出来。效果达超是通过分析产生效果的原因并通过不断的实践、学习和经验积累，达到能够以同样或更高的水平来产生同样的效果，从而获得职业技能。成果评价的目的是对任务完成情况和达成目标情况进行评估。学业评价是对学生掌握知识、技能和态度目标的评估。

（三）从能力形成心理考察教学过程

教学的具体过程，根据学习对象或所处学习阶段的不同，可分为理论知识教学、心智技能教学、操作技能教学、品性形成教学、能力整合形成五个教学过程。

1. 理论知识教学过程

（1）知识习得教学阶段

根据学习理论，知识的获取始于学习者的预期和关注，这一过程是知识获取的起点。学习者根据自己的经验和已有的知识结构，设计出一个或多个学习目标，作为学习活动的起点。因为对学习目标的渴望，学习者处于一定的兴奋状态，随时准备汲取新的知识。如果这一过程中断，则可能导致学习效果降低甚至出现错误。在遵循学习目标的指引下，学生会有针对性地接收新的信息，并将其暂存于短暂的记忆中，这些新知识之间会相互关联，并与处于活跃状态的原有知识相互作用，最终，这些新知识会以一定的方式与头脑中原有的知识形成联系。这种联结过程就构成了一个完整的认知结构——前概念阶段。在此阶段，学生所获得的知识皆为陈述性质。对于程序性知识而言，其所获得的是其源头，也就是程序性知识的陈述性表达方式。当学生掌握了程序性知识时，就能把它们应用到具体情境当中去，解决实际问题。在此阶段，教学的关键在于激发学生的好奇心和求知欲，唤醒他们内在的知识储备。

（2）知识转化教学阶段

在这个阶段，陈述性知识不断地被转化成为操作性知识，本阶段旨在为培养学生技能做铺垫。在教学中，教师应引导学生将新学的知识转化为操作技能，并能够熟练运用。变式练习是实现从陈述性知识向程序性知识转化的重要手段，尤其对于第二阶段的程序性知识的转化非常关键。这些知识将被存储在长期记忆中，并采用不同的表示形式，以备后续提取和使用。在此时期，教师应协助学生恢复记忆已经掌握的知识，同时帮助他们实现由透彻了解理论知识到具备实践能力的转变。确保将心智技能和操作技能的学习过程有机地结合起来，以提高学生对程序知识的熟练程度和掌握技能的能力。

（3）知识巩固教学阶段

学生在第一阶段习得的知识一部分通过第二阶段转化为程序性知识，另一部分知识将存储下来。学生获得理性认识，还必须在教师的指导下巩固认识成果，牢牢保存在记忆之中，以便为以后学习新知识打好基础。人们的认识必须经过反复实践才能巩固，而在教学中学生比较迅速而简捷地获得了人类长期积累的知识和经验，实践简化，历时短暂，也少反复，因此，学生印象浅薄，容易遗忘。教师必须在学生习得教材知识后，及时引导学生深刻领会，反复记忆。巩固知识不是让学生死记硬背，而是在理解的基础上完整地、准确地、牢固地记住。学生对教材的理解越深刻，记忆就越牢固。因此，在教学过程中，教师应指导学生积极而正确地进行复习，使学生习得的知识更加牢固地存储在记忆中，以备日后随时提取使用。

（4）知识迁移教学阶段

迁移是指一种学习对其他学习的影响，其具体表现为在一种情境下习得的技能、知识或态度在另一种情境中被应用或形成。所有的知识学习都是建立在已有的学习基础上的，不可能不受到已有认知心理结构的影响，也就是说，学习过程中一定会发生知识迁移。在教学过程中，老师不能把所有的知识和技能都传授给学生，但是他们需要确保学生具备迁移能力，这意味着老师需要培养学生在新的情境中快速学习并解决问题的能力，并充分利用他们所学的知识和技能。在教学过程中，教师应积极创设各种情境，使学生在记忆中牢固存储下来的知识及时获得迁移，达到知识的活学活用。但应注意的是，正、负迁移的不同作用与效果。

（5）知识应用教学阶段

这个阶段的任务主要是完成知识的习得向能力培养转化，使学生在习得、巩固新知识的基础上获得一种能力。对学习者而言，是知识的灵活运用，把学习的知识运用于实际，因为：①学生学习的最终目的是把所掌握的知识用于社会实践，为国家建设服务；②知识的应用有利于技能、技巧的形成；③把知识应用于实际，有利于锻炼学生分析问题和解决问题的能力。学生对知识的应用，有多种多样的形式，如完成解题、答问、实验等各种形式的作业，或在实践活动中综合运用所学的知识等。对教学过程而言，是进行学习结果的测量和评价。由于陈述性解决"是什么"的问题，程序性知识解决"怎么办"的问题，教师应当针对不同类型的知识，采用不同的行为指标，设计不同的问题情境，以获得真实可信的评价结果。

2.心智技能教学过程

心智技能指的是经过学习、培养形成的合法思维活动方式。学习策略、认知策略和元认知策略是心理学中被广泛研究的一类心智技能，它们对于知识学习的影响非常重要。学习知识需要进行各种心理活动，这些活动是获取知识的最直接方式。心智技能包括一系列合法的心智动作，这些动作控制着我们思考的过程，并直接影响我们理解知识的能力。通常情况下，心智技能的形成可以被划分为三个不同的阶段：①原型定向阶段。原型是指事物的真实样貌，而心智活动的物质原型则是指实际的行动流程和实践模式。原型定向是指熟悉一种实践模式，包括了解其中的动作结构、各动作成分、动作顺序等。原型定向使个体能够在大脑中建立关于活动方式的定向形象，这是由心理过程造成的基础；②原型操作阶段。原型操作是将脑海中构想出的行动程序以明确的方式实现，为将原型融入自己的思维中做准备；③原型内化阶段。把实践模式内化为原型，让个体在头脑内部用简洁快速的内部言语进行程序化心智活动。

教学对于心智能力的培养有着重要的影响，通过优质的教学，学生可以获得有效的心智技能，掌握学习的方法，进而成为积极且富有能力的自主学习者。根据心智技能的发展原理，设计以下教学流程模式，如下图所示。

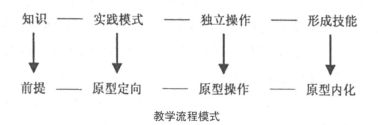

教学流程模式

在应用上述教学模式时，需要注意以下方面。

（1）心智技能的形成是由外部活动逐步内化的过程，心智活动是实践活动的反映，外部实践模式即心智活动的实际操作形式的确立直接决定心智技能形成的难易程度和水平。为保证实践模式的有效、合理，可通过对专家（或学习者）心智活动信息分析或应用心理模拟活动分析的方法，确立实践模式。此外，还要考虑可接受性，即学习者能否通过该模式形成心智技能。

（2）要求教师在课堂中创造实际应用技能和策略的场景，指导学生进行独立操作，以帮助他们掌握并总结所学习的技能和策略。在这个阶段，要求学生将他们头脑中编写的动作流程以明显的方式进行实际操作。在教育过程中，教师需要指导学生拓展思维能力，整合思维方式。学生需要组织动作结构，将各个动作成分以正确的顺序展开，并在不断更改的活动对象中应用心智活动的实践模式程序，以此为下一步形成技能做好准备。

（3）教师重新安排任务，要求学生解决问题。老师可以引导学生通过头脑运作活动步骤，而不一定要口头表述每一步；一些步骤可以同时进行或交替进行。在这个阶段，学生可能不会注意到每个步骤的具体细节，但他们确实按照活动的顺序进行。在这一阶段，学生不再依赖于实践模式，而已经将其内化为熟练的思考方式，这可以从他们口头表达活动减少的情况中体现出来，但这并不改变他们已经掌握的实践经验。随着不断训练，学生口语表达的要求减少，同时也开始培养新技能。

3. 操作技能教学过程

操作技能学习是在学生具备相应知识，特别是在转化为程序知识后进行的学习内容。根据操作技能的形成过程，把操作技能教学过程设计如下。

（1）操作示范教学阶段

示范就是指教师在教学中展示各种实物、模型、挂图进行示范性实验以及示范操作表演，使学习者通过观察获得感性知识，获得对学习对象的印象，帮助学习者形成正确的概念，掌握操作技能。在职业技术教育的教学过程中，为了有目的地培养学习者的操作技能（技术课程中表现突出）和智力技能（普通课程中表现突出），首先通过教师或技工的操作演示，使学习者获得事物的清晰表象。示范可以变抽象为具体，变枯燥为生动，富有极强的趣味性。但是，学习者并非对所有的示范都满意。为了保证教学的优质高效，在实际运用示范时，一般应注意以下几点。

①教师要具有过硬的技能示范本领。操作技能教学，对示范教师提出了很高的要求，教师不但要能够将原理讲透，又要能够熟练操作。因此，这对职业院校的专业老师提出了"双师"型的要求。

②教学前需要进行必要的媒体设计。运用教学媒体，可以将学习者无法直接感知的事实和现象，形象地展现在学习者面前。教学媒体手段多种多样，如借助图片、录像、幻灯、影片、计算机模拟等现代化的技术手段，以使信息的呈现更准确、方便、更易于接受。

③示范的动作要正确、规范、熟练。首先，示范操作必须在"范"字上下功夫，操作一定要正确、规范。因为学习者通过观察示范后进行模仿，错误的示范直接导致错误的模仿。如餐饮教师示范上茶水，不仅水量要合乎要求，而且倒水的姿势要优雅，动作也要十分准确。其次，示范操作还必须熟练。示范质量的好坏，示范动作是否正确，对于学生能否获得良好的操作技能，往往具有决定作用。

（2）过程讲解教学阶段

在职业技术教育过程中，教师通过示范给学生展示了事物的表面特征，使得学生能够对事物有一个大致的认识，但这种认识只是事物的表面感知，缺乏深入的理解。学习者需要教师进一步解释，才能比较准确地了解事物之间的关系和基本原理，学生要学会操作步骤，并掌握关键信息，并为达到教学目标打下基础。教师在进行讲解时需要注意以下几个方面。

①讲解要与示范相结合。首先，分步讲解与分步示范相结合。分步示范是把

某一工序分解成若干工步呈现给学习者，以便学生逐步的学习，使学生从个别的工步入手，形成具体的、单个的映像；分步讲解使学习者了解某种技能的有关知识、性质、作用、工步的难度、要领、注意事项、工序进程等。其次，整体讲解与整体示范相结合。将某一工序的各个工步联为一体，按顺序依次展现给学习者，并对每一工步应注意的要点、细节进行强调，使学生进一步了解工序的全貌。

②讲解要有系统性和逻辑性。教师在讲解时，要从学生的认识规律入手，由浅入深、由易到难、由简单到复杂。又要符合知识本身的系统，由整体到局部，再由局部到整体。例如，教师在讲解铅球的投掷技能要求时，在示范的基础上，教师从全套动作的作用出发，采用分析法，将全套动作划分为几个部分进行分析，使学生注意全套动作的每个部分；最后采用综合法，对全套动作重新作一个总的叙述和分析，从而使学生具体而又全面地掌握应该学到的知识和应达到的技能。

③讲解要有高度的科学性和思想性。教师在讲解时，无论是概念、理论的解释还是对各操作步骤的分析介绍，都必须正确可靠。在讲解过程中，依据教学内容的需要，还可以对科学技术发展史上一些杰出专家的创业精神、研究问题的思路进行适当讲解，激发学生热爱专业的感情，使学生树立勇敢、顽强、克服困难的勇气和信心，养成严谨的科学态度和认真踏实的工作作风。

（3）模拟训练教学阶段

模拟训练是职业技术教育中非常重要的一环，它可以帮助学生将在理论课上学到的知识应用到实践中，同时也可以提高学生的操作技能和实践经验。而模拟训练的质量又取决于模拟环境的建立，一个好的模拟环境应该能够让学生感觉处于真实的工作环境和工作情境，以此来提高学生的职业意识、协作能力和责任心。在模拟训练中，教师要通过合适的教学方法来引导学生进行模拟实习，让他们逐步熟悉工作环境，掌握操作技能，同时还要对学生进行反馈和指导，让学生知道如果操作错误，将会造成多大的损失，帮助他们改正错误和提高操作效率。只有置身于"真实"的工作环境中，学生才能形成明确的职业意识，培养合作与共事能力，才能熟练掌握职业所要求的知识、品性和技能。此外，建立一个好的模拟环境还需要考虑一些其他的因素，比如设备和工具的选择，安全措施的制定等等。这些因素都会直接影响到模拟训练的效果，如果存在问题，可能会导致学生的操作技能得不到有效提高，甚至会对学生的安全造成威胁。因此，在建立模拟环境时，一定要注意全面考虑各方面因素，确保模拟训练的质量和效果。

（4）操作整合教学阶段

在实践中，学习者在模拟阶段已经初步掌握了一些操作技能，在操作整合阶段，则需要将这些零散的、表面的动作成分整合起来，形成合理、协调的动作结构。通过整合，学习者可以逐步加强对动作的有效控制，并能够更好地掌握操作技能。在实践操作过程中，学习者还可以针对性地进行反复练习和修正，从而使得操作技能更加熟练，并形成一体化的操作方式。整合阶段的关键在于对每个动作进行分析和整合，从而使得各动作成分相互衔接、无缝连接，最终形成一个完整、规范、标准的操作流程。只有在操作整合的基础上，学习者才能更好地应用他们学到的操作技能，同时也能更加稳定地掌握这些技能。

在这一阶段，为了巩固学生在模拟训练中获得的技能，教师可以根据不同专业的需求，布置一些工序复合作业，使学生在反复的训练中对各工序的操作要领进行内化和整合。教师要根据学生情况决定进行复合作业的时间及复合作业的复杂程度。

（5）现场实习教学阶段

虽然模拟训练可以帮助学习者初步掌握操作技能，但与真实职业活动相比，仍存在一定距离。只有在真实的职业环境中，学习者才能真正了解和熟悉职业现场的情况和问题，从而形成更加深入的职业认知和技能。因此，进行现场实习和实训是操作技能转化为职业能力的重要环节。在实习和实训过程中，学习者面临更为复杂的职业环境和情况，需要不断调整和升级操作技能，同时也需要面对现场的工作压力和挑战，从而形成更为全面、深入的职业认知和技能。通过现场实习和实训，学习者可以不断完善和提高自己的职业能力，逐步实现从技能到能力的转变。在这一阶段中，学习者的动作将进一步达到灵活、连贯、协调和准确。并且在真实的职业环境中，学生将从师傅身上学到兢兢业业、一丝不苟的工作态度和乐于奉献的精神。以上五个教学阶段实施是一个从实践到理论再到实践的过程，符合人们认识客观事物的规律，这是一个学习者素质、能力不断提高的过程，第二次实践的意义和内涵与第一次相比产生了质的飞跃。

4.品性养成教学过程

品性包括品质和性格，是通过社会性学习形成的结果。职业教育的目的之一就是帮助学生培养良好的职业品性，包括敬业精神、创业精神、职业信念和道德等。

一般来讲，品性的形成和改变要经过顺从、认同和内化三个阶段，其中认同是最重要的一环。依据这一规律，在职教教学中，将品性养成教学过程设计如下。

（1）引起欲望

学习是一个需要持久动力的过程，如果没有动机和欲望，学习者无法获得进步。同时，学习者发展积极向上的品性和态度也需要内生动机，只有这样才能自我激励，不断进步。教师在教育学生时，并不是单单要传授知识，更要引导学生理性地认识自己、理解自己、接受自己。只有让学生从内心愿意做一件事情，认同并接受这些行为和习惯，才会形成长期的积极行为模式，这就需要教师去发掘学生的动机和激励源，引导学生进行自我探究，形成内生动机。

（2）分析情境

学生需要有善的动机，但同时也必须具备鉴别是非的能力，从而避免走入歧途。智慧和品性的关系非常密切，虽然一个人有智慧并不一定代表其品性好，但缺乏一定的智慧，也会导致其对事情的判断不准确。在教育中，教师应该帮助学生培养判断、推理、分析的能力，从而自主判断对错，甄别是非，不断提升道德意识和道德观念。教师还应该帮助学生培养独立分析情境的能力，让学生在具体情境中能够自主分析、判断，独立思考，并对自己的判断进行评估和修正。

（3）拟定计划

个体有为善的动机，并且知道了什么是善，但没有实行的计划，还是不利于学生品性的养成。教师要指导学生拟定实施计划。

（4）加强实习

良好品性的养成需要通过实际的行为来培养和习惯，而不是单纯的理论知识或是口号宣传。在职业教育教学中，实习和实训环节可以帮助学生深刻体验创业意识、敬业精神和积极的工作态度等，从而使学生不断通过实际职业活动来发展他们的品性和职业素养。同时，学校的环境也是影响学生良好品性养成的重要因素。在学校中，教师的人格品质和道德标准都会影响和感召学生，因此，教师要在自身行为举止上更加注意并刻意树立正面的榜样形象。此外，学校中的育人环境以及师生之间的和谐关系也有利于学生良好品性的养成，这些因素会对学生产生重要的潜移默化的影响。

5.能力整合形成的教学过程

学生的知识、品性和技能的习得或应用确实不等于他们形成了相应的素质和能力。只有通过参与特定的职业活动或模拟的职业情境，将已经学习到的知识、品性、技能等进行迁移、整合和类化，才能真正完成学生素质的形成和能力的具备。同时，迁移现象不仅存在于知识之间、技能之间和品性之间，还存在于知识、技能、品性三者之间的迁移。学生掌握了某一领域的专业知识后，就有可能更加容易掌握这一领域的某种技能；反过来，在学习某种技能的过程中，学生也会逐步积累相关的知识。这种相互促进的过程是不可或缺的，它可以促进个体素质和能力的发展。因此，各种经验之间的相互迁移，可以让个体不断积累知识和经验，形成素质、具备能力。在学习和成长的过程中，迁移是将所学的知识、技能与品性应用到实际情境中，形成能力和行为的关键环节。学习的目的不是为了简单地储存经验，而是要将所学应用到实际情境中，从而解决实际问题，并形成有效的能力和品性。个体进行广泛的迁移，可以将原有的经验不断改造，不断概括化和系统化。将已经掌握的知识、技能和品性，应用于更广泛的情境中，可以促进经验的增加和更好的整合，从而形成更为稳定的心理调节机制。这些机制可以帮助个体更加有效地应对实际问题，并不断提高自己的素质和能力。整合与类化是迁移过程中的一种重要现象，指通过概括和归纳，将不同的经验相互作用，从而形成一体化和系统化的心理系统。这个系统具有稳定的调节活动的功能，能够帮助个体更好地应对实际问题，提高个体的素质和能力。在教学过程中，教师可以充分应用迁移、整合和类化的规律，帮助学生更好地理解、记忆和应用这些知识点，形成更加系统化和完整的知识框架，从而促进学生的素质和能力的发展。

第二节　职业教育的课堂生态

课堂本质上是一个复杂的生态系统，其中包含了多种生态因素，如物质生态环境、心理生态环境、文化生态环境等，它们相互作用影响着课堂的生态平衡。

一、物质环境建设

课堂物质生态环境对课堂教学和学习的重要性不言而喻。课堂物质生态环境，作为课堂生态环境的重要组成部分，包括了课堂的物理设备、教学资源、教学用品等。良好的课堂物质生态环境，可以为教师的教学活动提供必要的支持和保障，帮助教师更好地实现教学目标。同时，它也能够提高学生的学习效果和学习兴趣，激发学生的创造性思维。课堂物质生态的平衡与协调发展，对于提高课堂教学效能具有重要的意义。课堂内物质环境的建设目的在于创建适度的生态平衡和协调，以使教室内的物品能够最大程度发挥其作用，并充分发挥每个人的优势，从而达到最大化人力和物力资源的效益。课堂物质生态环境是指能够积极影响教学环境的所有物质因素，例如自然环境、时空环境和设施设备环境等。它不仅能够满足课堂教学的物质需求，还能够促进教学的活力和提高教学质量。因此，在课堂生态环境建设中，课堂物质生态环境也是一个非常重要的方面。

（一）重构课堂自然物理环境

在教室内进行课堂教学时，自然物理环境指的是能够对教学和学习活动产生影响的自然环境和条件，包括但不限于光线、温度、湿度、热度、色度、噪声、空气质量和通风状况等要素。课堂教学的效果与多种环境因素有关，包括但不限于教学场所的自然环境和物质环境、师生之间的互动环境和教学理念的影响，以及班级氛围和整个教育社会环境等。将这些因素转化为可以促进培养人的资源，需要管理者和教育者赋予它们一定的教育意义并使之成为明确的教育资源。因此，为了让课堂自然物理环境具有独特的价值和功能，需要改善和完善课堂生态环境。

1. 加强课堂光环境的优化

教室内的光线不仅会使学生的视力受到影响，还会对教学效率和学习效果产生制约。因此，教室的光环境舒适度非常重要。对教室内的照明系统进行科学管理，应遵循国家《建筑照明设计标准》的规定，以满足教室照明设计的数量、质量和节能要求。同时，确保教室、实验室和黑板区的天然采光和照明环境符合师生教学要求的视觉特征，为师生提供安全、舒适、愉快和环保的光环境。同时，利用智能照明控制技术，能够根据教室内的学生数量、位置以及各种不同场景需求，针对不同的季节和时间段，自动选择适合的光照方式，展示高科技的智能特性，同时为学生提供符合健康需求的照明环境，这不仅提高教室的照明质量，还能有效节约能源和减少排放。此外，在课堂教学中应广泛应用多媒体辅助工具。对于多媒体学习环境的光环境设计，应兼顾室内光环境和自然光线的协调，同时需要考虑选择和使用遮光窗帘等问题，每个教室最好配置有可调节透光度的多功能窗帘，以满足日常学习和教学中的光照需求。其中，薄层窗帘可以保证学生正常学习时的良好透光条件，而厚层窗帘则可以满足多媒体课程教学时的遮光需求。

2. 加强课堂声环境的优化

要让学生保持高度专注，达成教学目标并提高课堂教学效率，需要为学生提供一个安静的学习环境，这是实现教学成功的物质基础和基本保障。为了避免噪声对人体听觉系统、注意力、记忆力、思维以及学习和工作效率等产生危害，校园教学建筑的选址应该尽量远离道路交通干道，远离周围有集贸市场或加工厂等会持续发出嘈杂噪声的地方。如果无法避免，我们可以在路两旁设置隔音设施，同时充分利用遮蔽物如树木或建筑物等，来减少教室背景噪音的级别。同时，对进入校园的车辆和车速进行限制，防止在校园内发出噪声污染，比如禁止鸣笛等措施。总的来说，通过成功地掌控噪声，我们可以为广大师生创造一个室内外的声学环境，让人人都能够认可和接受。为了降低课堂教学中的噪声干扰，需要减少多媒体音响设备的使用、夏天的吊扇使用，以及控制教室内学生的走动和大声交流等。此外，还需要严格遵守国家相关规定，尽可能缩小教室内学生的数量，以避免过度拥挤和人数过多所带来的噪声困扰。教师应尽可能减少依赖扩音设备授课，或选用清晰、环保的扩音设备。如果条件允许的话，夏天最好使用噪音较小的空调设备来替代吊扇，以减轻扇风带来的噪声干扰。此外，为了满足课程的要求，需要预先规划学生的座位安排，确立优秀的座位布置方案，以减少学生走动产生的干扰声。此外，针对目前部分学校门窗隔音效果不佳的情况，学校应该着重培养学生养成室内低声交流的好习惯，这也是优化课堂声环境不可忽视的关键手段之一。

3. 加强课堂色彩环境的优化

颜色与人们的生活、工作、学习息息相关，而课堂颜色又是其中的一个重要方面。教室内墙壁、天花板、学习设施、装饰和教师服装的颜色，以及多媒体课件的色彩组合，共同组成了教室的整体色彩环境。在这样的环境中，学生需要进行长时间的学习，对这些色彩进行合理的搭配，并巧妙地运用，不但可以改变学生对学习空间的感知，还可以对学生的情绪和学习态度进行调节，进而对学生的学习效率和学习成绩产生间接的影响。教室的墙面色彩布局应该能够引起学生的兴趣和注意。我国教室的色彩设计一直遵循传统的白色墙面，或者加上不同颜色的墙脚线来作为装饰配置，这种简单的色彩搭配不会干扰或分散学生的注意力，是各级学校教室颜色方案的首选。据色彩心理学的研究，不同的颜色投射到人类大脑皮层会引起不同的情绪反应。它们可能会让人感到兴奋、激动，也有可能让人变得平静、沮丧，甚至感到焦躁不安。因此，单一的白色背景容易导致视觉疲劳。尽管乳白色或灰棕色与白色相似，然而在长时间接触纯白色的教室学习，仍然会对学生产生重要影响。因此，建议考虑向涂料中添加微量的高彩度、中等明度的色浆，以降低纯白墙面的亮度，创造较为柔和的空间色彩环境。然而，在确定教室的配色方案时，需要考虑多个因素，包括所学专业和课程的特点、学生的性别等。也可以运用多种色彩有机结合的方法，在教室中划分不同的区域颜色，以满足不同学习功能的需要。特别要注意强调黑板一侧墙面色彩的吸引力，同时确保各墙面之间协调、统一。据研究结果显示，学生在多媒体教室中更倾向于使用白色、黄色、酸橙色、青色、黑色、品红色、红色和银灰色这 8 种课件颜色。高亮度颜色和与前景背景相差较大的颜色搭配备受学生偏爱，这为教师在教学课件颜色选择和搭配方面提供了可借鉴的理论和实践价值。科学地搭配课件颜色，可以提升课件的展示效果和吸引力，引发学生的情感共鸣，帮助他们调整情绪状态并保持高度的学习热情，从而有效提高课堂教学效果。由于教师职业的特殊性质、独特的工作对象和工作环境，教师必须遵循"清新雅致""整体协调"的基本准则来选择服装配色，不能选择妖艳浮华、标新立异或奇装异服的款式。当面对具有敏锐的观察、分辨和思考能力的学生时，教师需要在上课前留意服装色彩的搭配是否得体，以及服饰色彩对大学生视觉和心理上的可能影响。为了展现自己作为教师的特质和修养，我们应该在颜色的选择上追求优雅自然的感觉，让学生们看到舒适、简洁、平稳、热情的视觉效果。在课堂中呈现知识分子的特有魅力和价值观，对学生的态度、审美趣味和品位的提升产生隐晦的影响，创造一个有智慧美的课堂氛围，促进师生和谐发展。

4. 加强课堂空气质量的优化

教室内空气的品质与多个因素密切相关，包括室内空气的卫生水平、氧气浓度、通风状况和建筑材料等。在建筑施工过程中，规定要求控制二氧化碳的含量不超过 1500ppm。当空气中二氧化碳的含量达到 0.1%—0.15% 时，空气已经进入临界状态，室内空气质量会逐渐变差，人们会感到不适。当二氧化碳浓度达到 0.3%—0.4% 时，人体会呈现加速呼吸、头痛、耳鸣、脉搏减缓，同时血压亦会升高等症状。课堂内的空气质量改善应该遵循三个原则：控制教室内的污染源，使用节能环保的通风技术和设备。利用植物吸收二氧化碳和有害气体，可以达到环保、经济、美观、净化室内空气的效果，不会影响室内舒适度。在教室里摆放多种不同室内植物，如芦荟、吊兰、虎尾兰、一叶兰、龟背竹等。这些植物可以有效地降低室内二氧化碳含量，同时可以吸收有害气体，例如甲醛、甲苯和硫化氢，从而提升室内空气质量，增加氧气含量和净化水平。而且，这些植物还可以增添教室的美感和生机，为师生们创造一种亲近自然的感受，培养他们爱护环境的意识。

（二）重构课堂教学时空环境

指导学生学习的时候，我们需要考虑到很多因素，其中包括课程安排、教学活动的时间分配，以及教室的大小和座位的排列形式等。这些不同的组合构成了课堂教学活动的具体时间和教室的实际空间，这些因素也会影响着师生参与课堂教学活动的感知和体验。在重视课堂时空环境时，需要综合考虑多方面因素，不仅包括教室的大小和班级人数密度，还要关注到课桌椅的大小、高度和排列方式是否适宜，以及教学设备是否方便移动和变更等因素。这将有助于师生教学活动的顺利展开。在教室环境中营造生态化的设计可以促进生态系统成员之间的交流互动和合作共存，进而积极推动教学质量和达成教学目标。

1. 课堂教学时间的优化

随着信息技术的飞速进步，知识的更新速度迅速加快，生活节奏也越来越快，这导致时间资源成为人们生活品质和生命质量的最关键因素。合理安排和科学利用课堂教学时间，不仅可以提高课堂时间利用效率，增加课堂互动的质量，还是衡量课堂教学效果和教师专业水平的重要标准。首先，我们应该强调课堂时间是师生共同拥有的，积极改善课堂时间安排，使得课堂时间能够多方面发挥作用。此外，我们还应该注重师生之间的互动和共同体，打造一个民主、平等、和谐、共生的课堂氛围，使得教学过程可以实现对话互动、多元和谐的效果。调整课堂教学时间安排，留出一定的自我学习时间给学生，支持学生主体性发挥：创造自主学习的机会，推动学生个性化成长；给予学生充足的时间思考问题，减轻他们的学业压力。为了满足学生的不同认知需求，应当允许学生自主调整学习时间。其次，我们应该灵活调整课堂教学时间，尊重学生学习个性差异，关心整个学习共同体的成长。我们需要制订动态开放和多样化的课堂时间安排计划，促使学生自主选择、设计和安排学习活动，满足他们对学习意向和合作需求的要求。例如，我们可以将长课时和短课时相结合，组合"课程计划整体课""发展个性分组课"和"综合应用活动课"等形式。此外，在课程之外，我们还可以设置专门的时间来进行探究学习和生活实践学习。

2.课堂空间环境的优化

空间的规模、形状、朝向等因素，会对人类的心理产生影响，因为人类是空间的主体活动者。随着信息时代的不断发展和教学技术的不断更新，传统的以讲授为主的课堂教学模式正在面临全新的挑战。课堂生态模式的发展目标是以师生学习共同体为基础，通过团队合作和问题解决来推动课程发展。因此，这种模式需要更高层次的课堂物理空间支持。课堂不再是单纯的传授知识场所，而是整合物资和知识，融会贯通的交互平台。首先，要确保班级规模适宜，创造一个适合学习的舒适环境。在安排课程时，需要考虑班级规模和教室大小的相适应性，同时应预留一定的空间，以便满足学生对于学习环境的要求。另外，采用可移动的桌椅，并采用开放的空间设计，帮助师生创造自己理想中的环境，超越本能的依赖于现有的自然状态，释放想象的空间。学生身心发展不仅受教室类型、功能和面积的影响，还受座位排列方式和人际组合空间形态的影响，这构成了课堂空间生态对学生身心发展的综合影响。传统的教室布局是根据班级授课模式设计的，通过排列固定的桌椅布局来解决当时教育资源紧缺的问题。这种布局方式被形象地比作"秧田式"。随着知识社会和信息化时代的发展，传统的课堂空间设计、课桌椅排布等已经不太适应学生之间交流、合作、自主学习和教育公平等方面的需要。建议采用可以改变位置的桌椅，设计一个良好的教室行走模式，以及创造开放式的空间布局，这样就能够随时根据不同的教学需求和方法来灵活地调整和重组课堂空间，更符合人类在信息和生态方面的空间发展需求。通过巧妙的桌椅布置，教师可以根据教学任务需求，采用圆形、马蹄形、小组式、单元组合式等多种排列方式，消除教学空间中的盲区和边缘学生，扩大教师与学生交流的机会，促进有志同道合的学生们开展有创新性的研究和发明。为了实践素质教育的理念，以及适应未来的发展趋势，现代大学必须采用开放式的教室布局。

（三）重构课堂教学设施设备环境

教学设备和环境包括各种工具和资源，以帮助教师和学生更好地完成课堂教学活动。这些资源可以是常见的教具和设备，例如黑板、粉笔、投影仪，也可以是数字化资源，例如计算机网络、实验设备和教材资料等。这些资源的使用和整合可以帮助师生创造一个更加有利于学习和教学的环境。

传统的独立思维方式和教育体制的划分限制了职业院校教学设施的管理方式，通常采用封闭分散的形式。由于这种模式的限制，教学资源服务的范围相当有限，教学设备常常处于闲置状态，无法充分优化利用。因此，使用效率并未达到最佳水平，导致了教学资源严重浪费。为了培养创新技能人才和促进创新合作，我们应该在课堂生态环境建设中充分利用教学设施设备，同时进行机制体制的改革。

1. 加强教学设备资源开放共享，提高资产合理使用效益

21 世纪是科技知识与科技日新月异的时代，高校要与市场经济迅速发展相适应，为社会培养出一批高素质、高科技、高技术、高技能的素质复合型技术技能人才。这就要求高校在硬件方面，如教学设备、实验室建设等方面能够达到更高的标准。出于这个原因，首先，职业院校应该意识到教学资源的社会共享问题，可以将其纳入培养共享精神方面进行教育，注重并发掘教学设施设备对于教学、科研、社会服务等方面的重要作用，颠覆对于传统教学资源的粗放式管理，提高教学设备成本和使用效益的认识，整合先进的计算机和互联网技术，建立教学设备资源共享平台，让更多的职业院校能够享受到高质量的教学设备资源，从而创造一个良好的社会氛围，倡导教学资源开放共享的新精神气象。其次，在职业院校中，教学设备是实施教学活动的重要工具之一。为了更好地整合和管理全校的

教学设备资源，打破不同学科壁垒、促进资源共享和互通，职业院校可以成立校级教学设备管理中心。该中心可由专门负责教学设备管理和维护的人员组成，直接向学校领导汇报并协调各个学院之间的资源共享。在中心的统一管理下，可以更加高效地进行对教学设备的调度和管理，将学院和实验室等部门的设备资源进行统一整合。利用网络信息技术手段，是职业院校优化设备资源配置和提高设备使用效率的重要途径。通过信息化手段，职业院校可以对设备资源进行规划和优化配置与合理分配，达到避免重复购置和闲置浪费的效果，进而提高教学效率，增强教学实施的质量和水平。积极促进不同学校之间的合作，与企业开展合作，拓展与外界的联系和服务的能力。建立科学规划的设备运作和共享机制，以满足多学科共性需要，为职业院校的科技创新和合作提供实质支持。同时，提升职业院校服务区域经济发展的能力，为政府和学校优化配置教学设备资源，进一步提高教学设备的使用效益。最后，强化职业院校课堂实验设备的管理和利用效率，推动学生实践和创新素质的提高。职业院校的实验室是支持师生进行课程实验教学、进行技术开发转换、提升科研水平和达成创新和实践能力的主要场所，实验室也是反映职业院校整体实力的具体表现。职业院校需要开发一种网络综合查询系统，用于管理各种教学设备和实验室，并且实施项目绩效管理。同时，需要合理安排课堂实验和开放实验项目组。学校可以聘用专业的实验教学和管理人员，以满足学生在实验技能训练、科技项目研发和毕业论文设计等方面的实验需求。这一举措将从根本上改变教室资源和师生科学研究需求之间严重脱节的现状。为了响应政府号召，职业院校积极鼓励师生广泛参与实验创新、科技发明等活动，营造浓厚的科技活动和创新创业氛围。职业院校课堂成为知识创新的源头，科技改革的试验田和区域创新发展的引领地。通过这些活动培养师生的实践能力、创新精神和科研素养，提高国内职业院校的竞争力，促进国家的科技、经济和社会健康发展，早日实现建设创新型国家的伟大目标。

2.重视现代教育信息技术设备与手段的运用，加强"网络学习共同体"的建设

当前，我们正处于信息化大数据的时代，现代教育利用多媒体技术，如图像、文本、音视频等形式统合使用，通过其灵活、简便、直观的属性，呈现出形象生动的教学内容、多样性的教学形式、精确简洁的表述效果。因此，多媒体技术已

经成为职业院校教学活动中不可或缺的一部分，成为培养现代科技创新人才的重要手段。课堂教学质量的提高以及培养现代人的信息化、网络化和智能化素养，需要广泛使用多媒体教学和现代信息技术手段，因为这是无法避免和必须跟随时代潮流的方法。传统的教学方法采用黑板和粉笔等简单工具，而现今的教学方法则通过电子设备如鼠标和键盘等工具进行教学。未来，随着教学手段的智能化、网络化和信息化的发展，学习空间将越来越多地使用高科技手段，并且学习方式也将变得更加多样和灵活。近年来，网络课程普及成了趋势，同时慕课、微课也迅速兴起。这些在线教育模式为学生提供了一个全新的学习方式，不仅能够便捷地获取和利用全球优质教学资源，还大幅度降低了教育教学资源传播的成本。这种现代化教育模式的出现，有效地促进了资源共享和教育公平。此外，这些在线教育模式也解决了传统课堂教学时空限制的问题，使得学生在学习过程中更加自主和灵活，实现了学生个性化发展的愿景。共建式高校课堂以智能化和信息化设备为支撑，通过智能的交互设备和平台，如交互白板、电子交互平台、智能桌椅、电子书包和远程教学教室，实现了"课堂学习共同体"和"网络学习共同体"双中心的学习生态环境。这种环境体系以交互、关联、共享和生成为特点，将教学、科研和社会服务集于一身。通过这种方式，师生可以提高自己的教育信息素养和对新技术的掌握能力，同时充分利用大数据和智慧校园等优势，推进高等教育事业的进步和改革。

二、心理环境建设

教室是教师进行教学工作，学生进行学习活动的主要场所，它也是师生互相学习、互相理解、共同成长的重要空间。在课堂教学中，教师和学生所扮演的角色不同，可能会形成不同的心理氛围。这种氛围会直接影响学生的情感体验和学习效果，同时对课堂教学的效果和师生共同进步的推动力也会产生影响，课堂心理生态是指在课堂中，教学目标实现的过程中，课堂生态主体之间相互交互和影响所形成的一种心理互动状态，这种状态会对学习效果产生影响。这种心理互动状态是由教师与学生在课堂中相互影响和发展而成的集体心理状态。它包括认知、情感、意志、动机和思维等方面的优势状态，是相对稳定的。教师的教学行为、学生的学习行为以及彼此之间的人际关系都会对其产生影响。人际关系的好坏是衡量课堂心理生态是否健康和和谐的重要标志。在课堂的有限时空环境中，存在着师生之间的人际关系以及学生之间的人际关系。这些不同类型的人际关系在营造着各自不同的课堂心理生态，进而形成特定的育人氛围。同时，教育环境也在悄然地对学生的身心发展产生着深远的影响。教育的氛围不仅能左右师生的学习活动和学习效果，而且还有可能将其提升或降低至不同的境界和水平。

（一）师生间控制与自主心理环境的建设

在课堂教学的生态系统中，教师与学生是最基本的要素，构成了教学活动的核心部分，二者间的相互作用基于教育教学过程而形成。在课堂教学领域中，教师如何在控制课堂进程与给予学生自主权之间取得平衡，一直是一个棘手的问题，而这也是推动课堂教学研究、反思和创新发展的重要因素。首先，教育领域中，教师一直以来都是权威化、知识驱动和话语支配的主导者，学生成为其控制的对象。因此，需要将传统的课堂教学方式转变为互动式的生态课堂，让教师和学生成为课堂生态的主角和学习活动的合作伙伴。在这种生态课堂中，我们应该建立和谐、民主、平等、友善和宽容的课堂心理环境，鼓励教师和学生之间的交流、合作、对话和协商，从而共同参与教学改革和创新。其次，就自我参与对话而言，自主性是指个人具备自我支配和控制行为的能力和权力。课堂生态环境的构建应注重确立教学主体之间交流的平等性，同时也要支持多元化的交流方式，使学生能够获得更多的交流时间、拥有个人发展的空间以及探索的机会。除此之外，我们还需要创立一种互相平等、自由自在、宽容开放、和谐协作的学习共同体。在这样的氛围下，学生的聪明才智和个人成长的渴望将会得到充分发掘，他们将成为课堂教学的主导者和自主学习活动的核心。

在教育课堂中，教师和学生都参与其中，旨在传授知识、提高技能、唤起灵感、陶冶情操。因此，我们需要重视教师和学生的情感和心理状态，创造一个和谐的课堂环境，推动学习社区的持续发展。

1.提高自我控制的能力是构建良好师生关系的着眼点

出于他们内心深处强烈的责任感和使命感，教师渴望能够有效地掌控工作环境和所涉及的对象。当我们试图建立课堂中师生的自我控制与互动关系时，我们会面临三种不同的价值观。一种价值观认为，教师在课堂中应发挥充分的控制作用，并主张让教师担任主导角色。第二种观点着重于培养学生的自主性，鼓励他们成为学习的主导者，并充分利用他们的学习动力。第三种观点强调要在教师掌控和学生自主之间找到平衡点，以实现教学的最佳效果，这种观点主张，教师应该在教学中扮演主导角色，起到引领学生学习的作用，同时也应该让学生成为学习的主体，发挥他们的积极性。课堂生态构建的目标在于创造一个和谐的学习环境，让师生形成学习共同体。这个过程注重提高人们的生活质量，追求实现第三种价值取向。在课堂教学中，我们注重采用可持续发展性控制方式，倾向于自由开放式的控制方法，将学生视为控制的起点和终点，并以学习共同体的发展为基础。我们以学生的可持续发展为核心，努力关注每个学生的发展，要建立良好的师生关系，需要关注教师和学生自我管理能力的发展。首先，教师需通过自我控制，将课堂的主导权交还给学生。从教师的角度来看，需要加强培养学生自我控制的意识和能力，同时在课堂管理中平衡控制与自主之间的关系，保持基本的课堂秩序，同时给予学生更多自主的空间，这样，才能让学生真正拥有属于他们自己的课堂。接着，需要通过专业学习来培养学生的自我管理能力。学生的核心使命在于专心学业，不断增进专业知识、技能和品德，从而成为社会所需要的人才。为了让学生具备自我控制能力，教师应该在教学中充分考虑学生所学专业的特点，并且适度地让学生自主掌控学习过程。

2.培养自主管理的品质是构建良好师生关系的主要目标

在课堂生态系统中，教师和学生是两个相互依存的生态要素。作为教育工作者，教师承担着培养新一代人才的责任，有义务管理好课堂教学环境，协助学生进行专业学习，提高他们的学习效率，并确保他们顺利达成预期的培养目标。为了建立一个良好的课堂心理环境，需要遵循人类身心发展和课堂教学自身的规律。我们必须将学生作为研究对象，了解他们的认知水平、学习态度和习惯、思考方式和潜能。此外，我们必须注意到学生想要自主学习的渴望和追求。我们应该尊重学生的自我决定权，让课堂控制隐形和不可察觉，以达到潜在的影响。教育者只有在适当的时候放手，才能培养学生自主管理的品格，正确处理集权与放权的关系是必要的，只有这样才能给学生更多的发展机会，提高他们的自我管理意识、能力和品格。首先要将课堂的知识权还给学生。教师应该将所讲教学内容与社会现实生活接轨，并且与学生的生活密切联系，使学生更容易理解，同时需要擅长将复杂的知识内容进行系统、结构和精炼的处理。其次，要将课堂的话语权还给学生。教师应该尊重学生的兴趣和需求，将课堂教学视为师生共同成长和分享经历、经验的过程。最后，要将课堂管理权还给学生。通过营造民主平等、和谐愉悦、开放宽松的师生关系，促进学习共同体成员的集体意识和团队责任感，满足学生自我建构和自主发展的需求，提高学生自我管理和自我服务的意识和能力，培养健全的自主人格和自主管理能力，进而增强课堂教学的有效性和实效性。

3. 营造积极的心理气氛是构建良好师生关系的必然追求

在师生相互理解的前提下，建立睦心和谐的师生关系。许多职业院校实行宽松的非坐班管理模式，所以教师、学生和学生之间的沟通交流主要依赖于有限的课堂时间和空间。教师在课堂上可以了解到学生对专业知识的了解程度和兴趣爱好，以及学生对教师的教学方式的认可程度，教师向学生传授知识和技能，让学生在课堂上感受到了教师的高超学识和出色品质。这种相互影响和交流，使得课堂具有了师生情感交流和共同成长的独特意义。课堂教学活动的顺利开展和学生对知识的热情可以得到提升，如果学生之间的人际关系良好。同时，师生之间的情感交流和外部知识的呈现可以更顺畅地结合起来，从而有效提高课堂学习效率和教学效果。在课堂心理环境的构建中，我们需要创造一个积极的心理氛围，以促进学习共同体的形成。为了建立师生之间的情感联系，教师应该充分尊重学生的情感和情绪，而且还要设计适宜的课程，让学生能够深入地探索和研究未知领域，从而激发出他们对未知世界的浓厚兴趣。在这样的课堂氛围中，学生可以触摸到情感世界，促进健全人格的培养，并演绎出精彩人生。其次，鼓励教师和学生进行平等交流，以唤起学生的自我意识和发展需求。真实的情感需要在师生之间建立亲密的人际关系，才能实现平等对话。在师生的交流中，应该相互尊重，不是以互相抨击观点为目的，更不应该出现一方压制另一方的观点。反之，这类交流应该建立在彼此信任、尊重与支持的基础上，共同探讨、分享经验、知识及见解。最终，学生应该以真诚相待、尊重彼此的独特个性，并且共同创造一个积极的心理环境。为了平衡集体团队要求和每个人的差异需求之间的关系，我们可以采用在组内注重成员的差异化，而在不同组之间强调相似性的方式来组建合作学习小组，以"相异则兼容"的理念为指引，促使学生之间彼此理解，相互协作，相互助益，从而营造一个互帮互助的课堂氛围。这样的学习活动可以让每位学生展现自己的潜力和智慧，实现多元碰撞和人生价值的共享，让学生真正领悟到人生的丰富和精彩，最终实现教师和学生的共同成长和发展。

（二）学生间竞争与合作心理环境的建设

尽管竞争和合作表面上似乎是互相矛盾的，但实际上它们是相互交织、相互促进、并肩前进的。通过竞争与合作相结合的方式，可以互相激励和推动彼此的发展，在此过程中不断提高自身竞争力和合作能力。现今的学生面对的社会环境越来越富足，生活条件变得越来越好，职业选择也变得更加灵活。这种变化导致了他们的思想认识和价值观念发生了巨大的转变，相应地，许多学生的竞争意识和合作意识逐渐削弱。

竞争是为了获取有限资源、达成共同目标或满足个人需求而展开的与他人争夺、竞赛和角逐的活动，以期取得成功、获得利益或获取更强的地位。当人们积极竞争时，通常表现出具有较强的赶超精神和不服输心态，他们会利用多种方式，包括提升能力水平、创新思维等，以在竞争中取得更大的成功。积极的竞争能自发地激发个人的学习欲望和成就欲望，使其从仅仅关注任务转向关注自我发展，自觉克服挑战和难关，努力进取和冒险探索，最大程度激发个人的潜能，从而取得比他人更为优异的成绩。透过与他人的竞争，我们能够及时发现自身的长处和不足，获得成就动力并通过不断的改进，搭建一个展示自己和分享知识的平台，这段过程也同时帮助我们提高自信，发扬勇气，凸显个人价值并提升品德。

合作是指多个个体在社会交往中相互协调、相互配合、相互帮助，以实现共同目标或共同利益的一种协同行为。目前，大部分学生心理较为自我，合作精神不足，缺乏团队协作的习惯和意识。有些学生表现出攻击性较强的行为，并且可能存在社会价值观上的偏差。因此，需要认真看待学生间合作关系的实质，既要重视合作的积极价值，也要理性地注意到消极合作对个人身心发展的不良影响。

作为教师，必须深入了解课堂中学生之间竞争与合作的本质和规律，找到其中的矛盾和冲突的核心问题。考虑到学生之间的竞争和合作需要不断发展和改进，所以我们应该采取合适的策略，以提高学生之间竞争与合作的互相合作和共赢的程度。因此，建立良好的课堂心理环境需要考虑学生的竞争与合作现状，关注学生的长远发展和成长需求，并以课堂教学为起点，开展丰富多彩的活动，以鼓励学生愿意、勇于、善于竞争为目标，同时在团队合作中了解自身优缺点，通过建立良好的人际关系，不断学习和完善，提高自身的竞争力和团队合作能力。

1.重视学习共同体间的相互影响，加强学生竞争与合作能力的自我培养

在学生进入情感波动和心理无助的关键时期，他们最需要的是情感上的安全感和心理上的稳定。如果在班级中形成一个良好的学习共同体，学生们可以通过集体活动和互动交往，增强归属感和成就感，进而在合作互动中获得内心的平衡，并激发对生活的热爱和珍惜。在构建课堂学习共同体的过程中，可以通过开展团体活动或者专题研讨、现场辩论等形式，促进彼此之间的经验和经历的分享，同时也要不断地识别自身存在的不足和差距，积极地学习借鉴他人的长处，以此来提升自身的素质和实现全面的发展。通过与学习共同体中的同学和助学者进行互动，我们可以建立彼此的信任和依赖。在一个良好的环境中，学生的身心会快速成长，享受到和谐人际关系带来的美好体验，这是通过学习共同体中不同的能力、性格和品性所实现的。

2.有效利用网络等高科技手段，形成竞争与合作的"网络共同体"

网络对学生的竞争、合作能力和品质进行了积极的促进，但同时也带来了不利的负面影响。互联网技术带有着积极的社会价值观，包括合作共享、开放创新、公平竞争和平等对话。通过利用互联网进行学习和交流，学生不仅能够领会竞争和合作的意义，还能够充分发挥技术手段的作用，积极参与全方位的竞争和合作活动，建立具有协同意义的"网络共同体"，从而实现更加经济、丰富、便捷和高效的学生间互动。网络共同体不受时间、地域以及身份等多重限制，可以随时随地利用现代信息设备和网络技术进行互动交流，从而不断壮大并扩大影响力。这一特点解决了传统实体组织在教学等活动中遇到的环境限制问题。"网络共同体"不仅局限于教师和学生，还可以涵盖各行各业的领域专家、学者、企业人员、家长等不同身份的人员。这个团队不以参与者的年龄、地区、领域或经验水平为限制，每个成员都有学习和发展的机会。每个人的看法和建议都非常有价值，并且都会被认真听取和考虑，以便能够被实现。与此同时，每个人都会得到成功和分享经验的机会，且在竞争中保持互相尊重的态度。"网络共同体"能够打破课堂所受到的时空限制，带领学生进入虚拟大课堂，扩展其参与竞争与合作的范围，同时运用资源共享的方式，培养当代学生更高的竞争力与合作力。

3.引入社会竞争与合作模式，重视学生合作性竞争能力的培养

学生通过课堂学习来增长知识技能，提高品德修养，培养素质能力，这使得课堂成为学生发展的重要场所。同时，课堂也需要提供有力的环境支持和保障，使学生能够学会生存、竞争和合作。为了使学生们深刻感受到社会竞争的紧张和合作的必要性，我们需要设置真实的社会情境，并引入竞争与合作模式。只有通过实际参与和实践才能增强学生对竞争和合作能力培养的认知和重视。为了让学生具备实用的技能，适应社会互动并快速应对挑战，教师必须将课堂学习和现实情境相结合，培养学生的真正才能。为了打造一个符合学生终身学习和成长的环境，教师应重视学生的合作和竞争能力，并通过课堂教学模式的改革来推动学习共同体的形成。通过以任务为驱动、以项目为导向的研究型学习，将竞合机制融入课堂教学，使课堂具有生活意义和实践价值，注重与学生现实生活的联系。这种教学方式旨在让学生在掌握专业知识的同时，也能够学会创新解决问题的方法和与人和谐相处的生存技能，让学生在竞合的辩证统一中更好地适应经济社会发展的现实需求。

三、制度环境建设

课堂制度是为了规范和指导师生在课堂内开展各种活动，并协调彼此之间关系而设立的一系列规则。除了规范学生的行为外，学校还应当更深入地挖掘课堂制度的引导作用，帮助学生得到更全面、和谐的身心发展。课堂制度生态是为了实现有效的课堂教学目标，在课堂制度的制定和实施过程中，学校体现了对课堂建设的总体目标和学生行为的共性要求。当学生在课堂环境中能够表现出与制度相符的行为，就可以形成一种与课堂制度相协调的生态关系。课堂生态环境建设离不开它，它对于保证课堂秩序的稳步发展显得尤为关键。一旦建立了良好的课堂制度生态环境，教学工作将更加有条理、有序，教师和学生的行为将更加合理、规范和自律。学生和教师会感到使命在肩，自觉维护课堂秩序，将努力培养正能量、追求卓越的文化氛围，抵制任何不道德的诱惑，同时树立乐观向上的人生态度，从容应对生活中的挫折。师生共同培养一种文化氛围，鼓励尝试新思路，接受错误和失败，同时维护公正、正义、民主的组织环境。建设共建式高校课堂制度环境以人的发展为中心，旨在为促进学习共同体的健康发展提供支持。

（一）课堂班级管理制度环境的建设

如果说工业化时代的人们注重的是服从、是奉献、是坚持，而21世纪则更加看重是变革、是创新、是个性、是自律。任何一个组织的存在与发展，都需要一些制度来规范与指导，制定一套科学、合理的制度，才能保证学校与课堂教学的有序开展，才能使"育人"这一培养目标得以顺利实现。构建课堂生态环境离不开班级制度的纪律约束和价值引导，需要立足于师生学习共同体的形成与建设，遵循教育教学规律和学生身心发展规律，树立班级管理中和谐、互助、合作、共享的生态理念，通过班级管理制度的建立，自觉调整学习共同体成员的各种活动和交往关系，挖掘全体成员的巨大学习潜能，为课堂学习活动的有序开展、学生的责任感养成，以及自我管理能力、问题解决能力和决策能力的培养提供重要保证。

1.树立班级制度生态理念，促进学习共同体的健康发展

目前，大部分职业院校采用科层化的管理模式，不同管理部门站在各自管理对象的立场，出台不同的管理制度，各部门间缺乏相互沟通和协作，各自形成独立成体系的管理小生态，通过对"学校制度—教学制度—课堂制度"的完善，确保学校成为一个高度稳定、可以预测的教育组织。这种人才培养制度生态体系的构建，往往忽略了"人"的存在与发展，片面强调管理的效率和效益，其实质是一种功利性组织的管理行为。规范性组织对其成员的控制则主要依靠精神的监督手段，如规范的约束、道德的反省、良心的驱使等。课堂的组织属性是规范性组织，对学生的课堂管理是立足于精神手段的监督，通过规范的约束、道德的反省和良心的驱使，使学生自觉形成正确的制度理念，以此规范自己的学习行为。课堂教学改革主张树立"以人的发展为本"的班级制度生态理念，构建"学生—教师—管理者"的生态逻辑关系，通过制定符合人的身心发展规律和学习共同体协调发展的管理制度，既可以规范师生教与学的行为，又能陶冶师生的情操，为师生共同体的和谐发展，营造民主、平等、愉悦、宽松的环境氛围，从而形成以人的发展为本、有利于学习共同体健康发展的制度生态环境。

二是重视学习共同体的广泛参与，以期实现自主管理。与以往片面强调课堂中教师或者学生的作用相比，课堂生态对班级管理制度生态的要求更高，其制度规范的确立需要由共同体成员多方面协商和讨论，在达成一致意见的基础上，方

可成为班级成员相互约束与发展的规定与程序。在制度制定的过程中，要充分尊重共同体每个成员的主体地位，树立"以人为本""以人的发展为本"的管理核心理念，促成共同体成员之间建立交互对话的关系，让班级中的每位成员都能意识到自己是班级的管理者，是班级管理制度的参与者、设计者、决策者和执行者，改变过去传统课堂一成不变的教师制定、学生执行的专制制度生态。21 世纪的教育要求教师不再控制学生而是要教会学生自我控制，课堂气氛应该温暖、友好，教师与学生分享领导权。课堂班级制度环境的建设要尊重共同体成员的意愿，让班级每个学生都能够发挥自我管理的主动性、能动性和创造性，成为班级管理的主人，主动提升自身的管理意识，在共同体规则下逐渐确立自己的身份和责任。

3. 明确班级制度生态目标，激发学习共同体的发展潜能

在班级生态系统中，教师和学生分别是该生态系统中居于不同生态位的生态因子，各自有不同的功能和作用，但只有教师与学生之间建立一种民主对等、互尊互爱、互信互助、心理相容的生态型师生关系，班级生态系统才能协调发展，不断走向成熟与壮大。课堂生态环境的建设，不仅需要教师积极主动地对学生强调班级管理制度环境建设的重要性，还要让学生深刻理解并重视班级管理制度建设对学习共同体和谐发展的重要意义。教师要有意识地提升学生参与班级管理、重视自我管理的意识，在班级建立一种互帮互助、协调共生的平衡关系，逐渐形成学习共同体普遍认可的伦理规范和利他原则。在这种平等愉悦、民主宽松、和谐自主的生态型师生关系下，学生作为班级制度的参与者、制定者和执行者，其主体性、自主性、独立性和主动性可以得到充分的体现，通过成员间真挚友好、平等互信的交流，充分地表达自身独特的观点和真实的意愿，主动参与到班级管理活动中，从而获得心理上的成就感和生命的价值感。在这种课堂范式下，课堂学习共同体中的教师和学生都能够在班级管理中找到适合自己的切入点，从而迸发出自身内在巨大的潜能。

4. 优化内外部生态环境，强化班级管理的制度化

班级生态系统的良性发展，不仅需要建立一个和谐、稳定、平衡、统一的内部生态环境，同时也离不开一个适合其健康发展的外部生态环境。影响班级制度生态协调发展的外部环境因素主要有学校环境、家庭环境和社区环境。虽然社区环境也是该生态系统外部环境中的一个重要因子，但是由于各种原因，尤其是新

建大学校区往往选择在远离市中心的偏远地方，社区对于课堂管理生态系统的作用在逐渐减小。目前，学校制定的管理制度是直接决定班级管理制度生态的一个最重要的因素，班级管理者已经养成了按照学校规章制度管理学生的习惯，忽略了班级制度生态系统的发展是由学校、家庭和社区诸多环境因素共同作用的。各环境因素之间存在着复杂的关系，它们之间相互制约、相互影响，进而对班级制度的和谐、平衡发展起到了较好的作用。所以，在构建"共建型大学课堂班级制度"的过程中，不能仅仅注重学校的管理制度对班级制度生态的约束，还应充分反映出社会和家庭的开放性、深邃性、隐性的特点，使外界的"正能量"可以被引入到"班级制度"的构建之中，进而推动"班级制度生态体系"的健康、稳定、有序发展。

（二）课堂师德规范制度环境的建设

百年大计，教育为本；教育大计，教师为本；教师之本，在于"师魂"。师德即为教师的职业道德，是教师素质之魂，是教师做人从教的基础。但是，近年来，有关职业学校教师违反师德的新闻报道频频出现，使得作为"学为人师，行为世范"的职业学校教师被卷入了舆论漩涡。从根本上看，很多教师道德问题都是由于制度的缺乏和制度的不健全造成的。构建师德生态体系，可以使师德体系与其他教育体系相协调，从而从根源上消除教师道德缺失现象。课堂师德制度环境的建设，是在充分发挥职业院校师德制度自身长效机制的基础上，将职业院校师德制度建设融合到学校整个管理制度生态环境系统的建设中，遵循整体、全面、协调、动态的生态原则，进行系统的分析和研究，使师德制度建设与学校其他管理制度建设有机结合，共同发挥制度对教师师德建设的规范和引领作用。

1. 遵循师德建设规律，促进师德长效发展

教师不是"圣人"，师德作为上层建筑，是需要建立在一定的经济基础之上的。教师的工作与生活也必须有一定的经济基础作保障，通过制定科学合理的奖励制度和激励机制，为广大教师营造一个良好的心理生态环境，给予教师合理的人文关怀，使教师产生强烈的归属感和责任感，通过让老师获得一定的经济依托，降低教师的职业倦怠，增强教师钻研教学、不断进取的激情和动力。师德建设不能仅仅依靠某个教师的个体行为，也不能寄托于某一所学校的集体行动，而是需

要所有学校和全体教师的共同参与和身体力行，以及广大学生的及时监督和提醒。在社会主义核心价值观的引领下，遵循师德建设规律，统筹规划和整体布局，共同谋求学校师德建设的长效发展，引导教师自觉将外在制度约束转化为内心信仰，形成对师德规范的敬畏之心，自觉履行师德行为规范，坚持底线道德规则与最高伦理准则的统一，形成教学育人、管理育人、服务育人的浓厚校园氛围；积极探索师德建设的规律，真正把师德建设的具体任务落到实处，不断提升师德建设的科学化水平；充分利用现代信息传播技术和手段，发挥师德先进典型的示范引领作用，营造教师之间、师生之间良好的相互学习、相互激励、相互促进的师德风尚，让教师自觉提高自身的师德修养，使更多的教师成为学生主动效仿的楷模；增加对师德建设的资金投入，建立师德专项资金和师德建设研究基地，为学校的师德建设提供足够的资源和训练保证，让老师们可以安于自己的岗位，以最好的精神状态投入到自己的教育事业中，从而让自己在社会上发挥出更大的价值。

2. 完善师德评价体系，加大监督惩处力度

涵养师德，不仅需要引人向善的政策导向，也离不开政策实施中的制度保障和行政监督。首先，在制定学校管理制度时，要尽量避免与学校的价值观相抵触与冲突；其次，在实施教育系统时，要做到对各类系统一视同仁，尽量做到对各类管理系统都要有一个清晰的评估标准。教师的教学能力评估和教师的师德水平评估应该有各自的内部价值尺度，两者既不能相互替换，也不能相提并论，否则，用"硬成绩"代替"软师德"，将导致系统内部的矛盾，使教师的师德意识和行为受到影响，进而有可能转向对明显的、可量化的考核结果的追逐，进而使师德建设陷入现实的困境。在师德建设中，只有条文规定，没有必要的行政监督，只依靠个体的自觉自愿是很难达到师德建设的预期目标。因此，要建立由学校、教师、学生、家长和社会多方参与的师德评价体系和监督机制，使教师在教育教学活动、学术研究活动、社会服务活动和文化创新活动中做到有章可循、有法可依，自觉成为文明守法、遵章守纪的模范；要建立完善的师德考核机制、激励机制、监督机制和惩处机制，做到奖勤罚懒、奖优罚劣，鼓励先进、鞭策后进；鼓励教师间、师生间形成良好的互帮互助关系，共同营造美好和谐的学习与生活环境；要建立完善的教师权益保障机制，明确教师的合法权益，使教师的付出和努力能够得到客观、公平公正的评价，使广大教师安心工作，勤于耕耘、乐于奉献；要

建立严格规范的一岗双责的责任追究制度和责任惩处机制。

3. 关注教师合理诉求，强化师德建设落地

师德制度的制定，要切实考量教师实际的生态承载力，要在师德制度本身基础上融入柔性管理，在制度中体现人文情怀。只有教师从情感上、理智上认同师德制度，才能发挥教师工作的主动性和能动性，调动教师教育教学的积极性，从而使教师做出高于师德制度的规范行为。作为师德建设的主体，学校要以立德树人为基本任务，在学校管理中要树立以人为本的理念，以教师的生态承载力为前提，增强师德建设的针对性、贴近性和可操作性，关注教师职业发展的合理诉求和价值愿望，找准教师思想转化的共鸣点和切入点，将师德建设工作落地、做实，使"师德至上"的理念转化为教师职业价值观的重要组成部分，使广大教师在日常工作、生活中能够自觉遵守职业道德规范，主动践行社会主义核心价值观。同时，教师也应时刻铭记，促进教师道德自我的成长是提升教师个体和教师群体职业道德水平的长远路径，立德树人的过程就是一个身体力行、言传身教、师生共同成长的过程，教师要以立德树人为出发点和立足点，秉承社会主义核心价值观，加强对师德制度的认同感和加强自身自律、自省、自建意识的培养，通过言传身教，为学生树立积极健康的正面形象，自觉肩负起立德树人的神圣职责，做社会道德风尚的示范者、学生良好品行的引领者。

第四章　职业教育的人才培养

职业教育作为教育体系的重要组成，担负着人才培养的重任，职业教育的人才培养关乎职业教育的长远发展。本章主要论述职业教育的人才培养，详细介绍了职业教育人才培养目标、职业教育人才培养制度以及职业教育人才培养改革案例。

第一节　职业教育人才培养目标

一、职业教育人才培养目标确立的原则与依据

（一）人才培养目标确立的原则

1.符合我国教育目的与职业教育总目标

作为我国高等教育中不可或缺的部分，高等职业教育必须符合我国整体的教育目标和职业教育目标，并以此为指导，确保其朝着正确的方向发展并培养出有正确价值观的人才。

2.致力于人的全面发展

在中国特色社会主义新时代背景下，教育的核心问题在于：应该培养怎样的人才、如何培养这样的人才，以及这些人才的培养应该为谁服务。确立高等职业教育人才培养目标的过程，需要回答教育领域的根本问题，即顺应党的基本路线，坚持把德育作为培养人才的核心任务。既然高等职业教育是一项教育活动，它应确保所培养的人具备全面身心发展的能力和素质。因此，高等职业教育必须确立全面发展的目标，包括发展学生的德、智、体、美，以及在知识、能力、素质方面建立适当的基本标准，以促进学生的协调发展。除了掌握技术理论和技能应用

能力，我们应该更加强调培养学生的创新能力、沟通协作能力和适应能力，以适应社会对于人才的多元化需求，同时也满足学生个人终身发展的需要。

3. 以岗位的需要为导向

作为一种更高水平的职业教育，高等职业教育必须坚持职业教育的本质属性，以就业为核心，将就业培养视为最初的目标，并面向职业群体进行专业培养。我们应该秉持以市场为导向的原则，根据不同区域经济建设的需求和社会各行业企业对人才素质、能力和知识的要求来确立人才培养的目标。

4. 突出技术应用的特色

高等职业教育和普通本科以及应用型本科之间对人才培养的主要差异在于对技术应用性的重视情况。高等职业教育的目标是培养能够将工程师设计的图纸转化为实际产品，并解决实际问题的人才。相较于专业职业教育强调实际操作技能和重复性操作来说，高等职业教育更加注重培养具备创新能力和技术转换能力的人才。高等职业教育所培养的人才和应用本科、高职专业的差异在于其注重应用技术领域的创新和实践能力。

（二）人才培养目标确立的依据

1. 依据国家政策的要求

近年来，国家出台了一系列政策，这些政策包括探索高等职业教育的发展，实施高等职业教育试点，论证高等职业教育的专业目录体系及专业管理办法，同时还颁布了《本科层次职业教育专业设置管理办法》。这一系列政策的出台表明国家越来越重视本科层次的职业教育，并且在相关文件中明确了人才培养的目标，如培养高层次、高水平的应用技术人才，"培养应用型技术技能型人才""提高应用型、技术技能型和复合型人才培养比重"。在制定人才培养目标时，高等职业教育应优先考虑符合国家相关政策的要求。

2. 依据经济发展对特定人才的需要

经济因素总是可以推动社会改革和发展，同时也是影响教育改革和发展的决定因素。在特定的社会背景下，经济发展水平直接影响着当前需要的人才类型。目前，我国经济已经从高速增长阶段转变为高质量发展阶段，在这一过程中，我们不断优化、调整经济结构，使之更加合理和高效。高新技术更成为经济发展的重要推动力。随着产业结构的升级，高层次人才的结构及规模的需求也发生了变化。现代劳动力市场要求劳动者具备更高的知识水平、能力水平和素质标准，以适应新的就业形势。在这种情况下，劳动者不仅需要具备扎实的理论知识，还需要具备较强的应用能力和将理论转化为实际生产力的能力。作为一种紧密联系经济发展的教育类型，高等职业教育必须根据当前经济发展状况确定人才培养目标，以确保所培养的人才能够满足市场需求和经济结构调整的需要。不同地区的高等职业教育院校也需要根据本地区的经济发展状况进行人才培养目标的调整。

3. 依据现代职业教育体系的需要

随着 21 世纪经济、科技技术和产业的不断发展，对具备技能的人才的需求呈现增长趋势，职业领域的范围也不断扩大，并且出现了不同层次的差异。专科职业教育可以满足一般技术岗位的技能要求，但要想培养出具备复合型高科技能的顶尖人才，则需要通过更高级别的高等职业教育进行全面培养。在确定人才培养目标时，高等职业教育也需要考虑到满足现代职业教育构建的需求。

4. 依据学生自身发展的需求

在终身教育的浪潮中，每个人都追求自身成为一个不断学习的人。相对于普通教育，我们国家的职业教育升学通道似乎并不太顺畅。许多学生在完成专科学业后，为继续深造而选择升本，但目前很多升本课程实际上已经从职业教育转变为普通教育，失去了其本来的特色和定位。因此发展高等职业教育具有重要意义，可以提高职业教育学生学历水平，促使他们实现终身学习。随着社会的进步，人们参与的实践活动越来越复杂且多样，这对人们的素质提出了更高的要求。劳动力市场需要各方面都优秀的人才，同时学生自身也希望在接受教育的过程中不断发展，成为更加完善的自己。因此，高等职业教育必须充分考虑学生对自身发展的需求，从而确立人才培养目标。

二、我国高等职业教育人才培养目标的确定

（一）社会需求是高等职业教育培养目标的现实依据

当今社会已进入知识经济时代，其发展的速度取决于科技进步，取决于劳动者素质的提高，这就对在科学技术转化为生产力过程中人才的素质和作用提出了

很高的要求。首先，高新技术的广泛应用产生了许多与高新技术相关的职业岗位，如我国现代化大型企业上海宝山钢铁总厂的生产基本上是自动化的，有一条700米长的流水线，从钢水进去到钢板出来，只有3个人在控制室里用计算机操作。这3个人就是技术人才，是高等职业技术教育要培养的人才，他们不但要懂一定的理论，还要在生产第一线掌握生产工艺，操作生产过程，维修生产设备。过去在这种岗位上的是技术员，多是低水平的中专生，现在再用中专生显然已经不适应时代需求了。普通高校培养的学术型和工程型的人才到这个岗位也不适应，生产现场出现的问题他们处理不了。由此可见，这些技术岗位的产生对高等职业技术人才提出了大量需求。其次，第三产业的蓬勃发展使社会职业岗位的分布出现了新的趋势，产生了一系列新的职业岗位，这些新岗位大部分是在服务的第一线，需要掌握熟练的服务技巧，这就需要高等职业技术教育培养一大批相应的技术型人才。再次，在经济和社会大变革中，社会原有的职业岗位出现了既有分化又有复合的现象，比如护士岗位，随着医疗技术的发展，工作也逐渐专业化，细分成了精神科护士、外科护士等。而根据技术水平，护士的岗位已经分成了五个层次：职业护理师、主管护理师、护师、护士和护理工。目前，上海的家庭病床越来越多，老年疗养院越来越多，急需中、高等层次的护理人员。不少岗位像护理岗位一样，层次提升了，不仅需要中等层次人才，而且需要高等层次人才。社会岗位在分化的同时也在复合，出现了不少复合岗位。专业技术知识与操作技能已经成为不可分割的整体，形成了独立的职业岗位。无论是高新技术的发展所产生的岗位还是第三产业兴起所增加的岗位，它们的技术含量和技能水平都比较高，中等职业技术教育培养的人才已经不能适应，急需发展高等职业技术教育。

（二）独特智力倾向是制定高等职业教育培养目标的智力依据

在我国现有状况下，进入职业学校的学生绝大多数是经过了重点高中、普通高中等层层选拔后的落榜者，以常人的观点看是普通教育中处于相对劣势的群体。我们并不赞同职业教育学生是基础教育的失败者的观点，我们认为职业技术教育的学生只是在智力类型方面与进入重点高中学生之间存在着差异，是一样具有独特智力倾向的群体。

美国哈佛大学教育心理学家霍华德·加德纳在20世纪80年代提出了多元智

力的理论。到 1999 年加德纳又分别再增加了"自然观察者能力"和"存在能力"。加德纳批判传统的智力衡量标准，他认为：智力并非以语言、数理等能力为核心，它们也不应成为衡量智力水平高低的唯一标准。每个学生的智力都是九种能力的组合体，能力间不同的组合构成了个体间智力的差异，有的语言智力占主导，有的身体 / 运动智力占优势，不同学生倾向于用不同的方式来学习。目前的学校教育并没有公正看待这些差异的自然性和平等性，只关注以纸笔测验能测得的那部分能力，即语言能力和逻辑 / 数理能力，并以此判断学生智力的优劣：成功者往往是语言能力、逻辑能力占优势的学生，其他学生则落入失败者之列。

根据加德纳的多元智力论和现实职业学校生源选拔状况，我们不难发现职业学校的学生虽然在语言能力、数理能力方面弱一些，但并不表明其在其他能力方面也差。对我国在初中时学习困难的学生各项能力研究表明，基础教育中学生学习优劣间的差距主要表现在语言能力、逻辑 / 数理能力方面，而在观察能力、运动能力方面的差距并不显著。问题在于现有教学未能足够重视除语言、数理能力之外的其他智力潜能的开发，并在评价中加以反映。实际上，语言能力、逻辑 / 数理能力不是社会发展所需人才素质的全部，西方学者曾就学校知识性、学术性测验与未来职业岗位之间的关系做过研究，发现大多数的研究显示出两者之间存在某种正相关。研究普遍表明，现有学校中知识型评价的成功与未来职业岗位的成功之间的相关程度极低。

（三）职业带理论是制定高等职业教育培养目标的层次依据

高等职业教育的核心内涵在人才结构区域中应该具有唯一对应性，其培养目标必然隶属于某一种系列的人才范畴，并且在这一系列中某一特定层次来界定高职培养目标。提起社会人才的分类结构，我们总会想到金字塔形、门字形、阶梯形等多种结构模式。但目前国际上比较认同的人才结构及分类理论，是西方国家常用的职业带理论。这一理论以工业职业领域为例，将各类工业技术人才的知识和技能结构用一个连续的职业带来表述。如图所示，工业技术人才按其各自不同的职业性质、工作对象和管理范围被划分为技术工人（Craftsman）、工程师（Engineer）、技术员（Technician）三个系列，分别称为 C 系列、E 系列、T 系列。图中 A、B 为技术工人（C 系列人才）区域，C、D 为工程师（E 系列人才）区域，

E、F 为技术员（T 系列人才）区域。斜线 XY ± 方代表手工操作和机械操作技能所占比重，下方代表科学理论和工程技术理论知识所占比重。

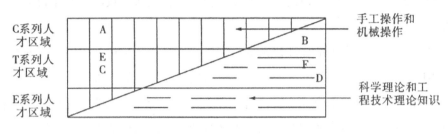

西方国家职业带理论示意图

从图中看出：对技术工人的要求主要是操作技能，对工程师的要求主要是理论知识，对技术员则在两个方面均有一定的要求。国际上一般将分别培养这些不同系列人才的学制相应地分为三种类型：培养工程师的称工程教育，培养技术工人的称职业教育，培养技术员的则称技术教育，后两类统称技术和职业教育，同属广义的职业教育范畴。

职业带理论不仅可以阐释技术工人（C）、技术员（T）、工程师（E）三种人才的职位水平和特征，还能说明随着科技不断进步和生产技术的不断发展，社会人才结构也在不断演变，同时也揭示出教育与此密切相关。

在手工业生产阶段，职业带上的人才类型相对单一；在大工业初期，职业带上有了两类新人才：技术工人和工程师，同时这两类人才在职业带上是一些交叉的。在 20 世纪上半叶，由于科技的快速发展，工程师必须不断提升理论知识以适应这一趋势。这导致工程师与技术工人之间的联系越来越少，他们之间的差距也越来越大。这种差距创造了一个机会，需要一种新型人才来填补这个空缺，因此，技术员这种中间人才应运而生。随着高新科技和生产技术不断进步，到 20 世纪下半期，工程师的地位逐渐提高，而技术员的群体也不断扩大，并出现了分层的现象。因此，新型的高层次技术人才——高级技术员（也被称为工艺师、技术师、技术工程师等，因不同国家命名略有不同，但本质上相同）应运而生。这些人员原本属于 T 系列人才，但在某种程度上与 E 系列人才产生了交叉，因此被称为 TE 系列人才。

多层次的技术员人才类型让教育培养目标更加多元化。作为 IF 系列人才的高级技术员需要拥有深刻的理论知识，因此他们接受的教育已经关联上了高等教育的内容。高等职业教育应运而生，因为它符合了职业教育高移化的全球趋势。另外，随着高科技产业的飞速发展，职业教育高度转型将导致高等职业教育在规模和层次上进一步拓展。

当然，要严格准确地描述复杂的、多维的社会人才结构，单单以工业技术人才为例，以简化、平面化的职业层次来进行阐述，不是最准确的方法。但从广泛认可且相对完整的理论模式来看，这种方法是目前为止可行的，尤其是它能够展示人才结构与教育结构彼此的关系。虽然其他人才结构可能不一定都能与工业技术人才精确对应，但总体而言，它们还是有相似性的。这有助于我们更深入地揭示高等职业教育的核心内涵。在医疗卫生系统中，医生（E 系列人才）和普通护理人员（C 系列人才）以外，还需要大量接受技术教育的护士（T 系列人才），他们作为中间人才在其中扮演着重要的角色。这些护士接受了医药卫生类中专教育，其专业技能得到了提高，可以为患者提供更加专业的照顾和服务，在这些职业中，有一类高级人才——护师，需要接受高等技术教育的培训。事实上，近年来国内一些医科大学已经推出了专门的护理专科和本科课程，这些课程属于高等职业教育领域，这一点毋庸置疑。

三、高等职业教育的人才培养目标的理性思考

教育作为培养人的社会活动是一种在理性引导下的有目的的追求，事关人才培养的核心问题。通过教育培养什么样的人，怎样为社会培养人，是古今中外一切教育活动展开的前提。教育目的是人才培养的一个基本问题，在教育工作中占有主要位置，确定教育目的又是一个十分复杂的问题。高等职业教育作为教育系统中的重要部分，它仍然是一种价值追求的过程，从这个角度讲，我们必然要对高等职业教育目的作出相应的思考。

（一）综合素质：高等职业教育的理智选择

我们正处在知识经济时代，其经济发展、产业结构的变化必然对人才的素质提出新要求，培养综合素质人才是知识经济时代高等职业教育发展的理智抉择。知识经济时代是一个"人化"的时代，个人的需要更加多样化。一些在工业经济

时代还可望而不可即的需要，将随着社会的科学技术进步而能够不折不扣地得以实现。从物质产品到精神产品，都日益个性化。为了满足不同消费者的特殊消费需求，社会生产模式就必须从单一产品的规模生产转变为个性化产品的规模生产，整个生产系统由一个刚性的产品制造系统变成了一个柔性的经济体系。在这样的社会中，只掌握生产过程某一环节的专门技术，是难以承担日益个性化的小批量生产所要求的创意化产品的生产使命的。另外，知识经济也使产业的升级换代周期大为缩短。昨日的朝阳产业，今日就可能成为夕阳产业。产业结构的迅速调整，使劳动者的劳动岗位变换加速，为了适应迅速变化的劳动力市场的需要，劳动者必须具有广博的知识和多样化的劳动技能。

教育作为一种有目的地培养人的活动，本来应该是一种人的教育，但"我国现实的教育却更多地表现出人力教育的倾向，主要是一种功利性的实用教育"。即教育目标过分功利化，它"使教育的培养人的特殊性淹没"，使人们看不到教育的根本价值。

黄炎根据培对职业教育的价值取向，提出了一个全面细致的概念，即"职业教育的定义，是为用教育方法，使人人依其个性，获得生活的供给和乐趣，同时尽其对群之义务。其目的：一为谋个性之发展；二为个人谋生之准备；三为个人服务社会之准备；四为国家及世界增进生产力之准备"[1]。根据其关于职业教育概念的定义和表达职业教育目的的方式，可以得出职业教育的主要目标是促进个体的个性发展，其次才是提升能力水平。他指出，"仅仅教学生职业，而于精神的陶冶全不注意"，这种教育只是把优秀的教育变成了"器械的教育"，并不能称之为真正的职业教育。

现代文明的教育要求首先是：促进人类的人性发展，培养、发掘个人的综合素质。高等职业教育必须倡导发展学生的素质，以适应现代经济生活对高素质技术人才的需求。这种素质不局限于某种职业技能或就业能力的拓展与架构，而是由知识、技能和态度三位一体的综合能力所构成的综合素质。此外，这种素质在目标追求上强调的不仅仅是技能方面的培养，更关注的是可持续发展的综合能力的提升。这种素质构成一般包含四个不可或缺的元素，首先是基本技能或动手能力，这是完成职业任务所必需的，例如知识运用能力和技术应用能力。其次，完

---

[1] 高奇. 黄炎培职业教育思想研究与实验[J]. 教育研究, 1998（5）: 98.

成职业任务所需的基本职业素质，这应当囊括 20 世纪 80 年代在德国企业界倡导的关键能力，诸如合作能力、公关能力、解决矛盾的能力、心理承受能力等。第三点是指在职业领域中适应变化和较为灵活的就业能力。第四点是指在技术应用方面具有创新精神和开拓能力，例如通过改革工艺流程、发明新的加工方法以及改变管理方式等方式实现创新。

现代文明的教育第二点体现在人才规格方面，注重的是培养职业素质，同时也强调了个人的全面发展，包括身体素质、智力素质、道德精神以及审美意趣都得到了自由的发展和充分的运用。这也符合马克思和恩格斯在《德意志意识形态》中提出的"个人的独创的和自由的发展"的理念，它被联合国教科文组织解释为"认知""做事""共同生活"和"生存"四个要素。在教育实践中，这个人才的规格在实践过程中可以细分为五个方面：品德素养、专业知识、能力表现、审美素养和身心健康素质，这五种素质中，虽然能力素质是最核心的，但它并不具备代替或涵盖其他四种素质的能力，同时也无法把能力素质视为"能力"的全部内容。

第三，体现在培养方法上，强调通识教育与专业教育结合。怀特海在其著名的《教育的目的》一文中早已指出："我们旨在造就的应该是既有教养又有某些专门知识的人。他们的专业知识为他们提供了由此而始的基础，他们的教养将使他们达到哲学那样深邃和艺术一样高尚。""没有纯粹的技术教育，也没有纯粹的人文教育，二者缺一不可。教育不仅使学生获得知识，而且也使他们学以致用。"诺曼·克森则在一篇题为《如何使人变得更小》的社论中这样说："只知道疾病的医生与既通晓病理生物体又了解人类的医生相比要略微逊色。只知道按法律条文在法庭上争辩的律师不能与联系立法现状与历史的经验并运用广泛的知识面进行辩论的律师相提并论。用艺术才能与人相处并能借以提高总体管理竞争能力的商业经理是对他所在公司的最重要的价值。对于技术人员来说，一致的工程与推动各部分的工程同样重要。"[①] 根据上述观点，我们可以得出结论：为了适应时代的变革，高等职业教育必须改变传统的专业化培养方式，并且变化通识教育与专业教育之间的界限。只有将通识教育和专业教育有机结合起来，并注重加强基础知识和拓宽专业领域，才能培养出具备广泛知识面、多元技能并能应对社会变革的综合型人才。

---

① 陈彬. 知识经济与大学办学模式改革研究 [M]. 武汉：华中师范大学出版社，2002.

总的来说，对于人才的全面素质的评估和理解，不仅代表着高等职业教育与文化变革的觉醒，同时也是根据市场经济需求产生的自然而然的回归。高等职业教育的吸引力在于它能够唤醒和回归人们对于目标追求和价值取向的意识，并在此基础上不断发展壮大。

（二）人性提升：高等职业教育的终极追求

在未来的世界，人们将更加注重以人为本的理念，强调以造福社会为出发点的理智思维，而不再把国家的利益置于一切之上，这是无法改变的人类文明的趋势。以这种理念为指导，21世纪高等职业教育的最终目标是促进人性的提高。在我国教育理论研究和教育改革实验中，人们开始更加重视教育的人性化、强调教育的人文意义和价值，这成为研究和实践的主要关注点。研究人文教育的历史可以发现，过去的教育思想家都对教育史上缺少"人性"因素的现象进行了批判，并强调教育应该以"人"为本，目的是为了培养"人"。亚里士多德重视闲暇教育并强调文雅教育的重要性，而在文艺复兴时期，维多里诺认为学校应该成为一个"快乐之家"。这些人都认识到了实用主义的教育方法压制了儿童的人性，实用主义的教育只追求经济效益，忽略了人的价值，将人当成工具来使用。在现代社会中，那些倾向于强调人文精神的智者们，特别关注批评现代教育的职业化趋势和缺乏人性关怀的现象。赫钦斯是这一思潮中最杰出、最具代表性的人物之一。据他所言，现代教育体系的目标是经济增长，重视职业培训，而将个人视为基本的生产资源。此外，学校也被塑造成一个工业企业，按照物品制造的原则来管理，这种做法是缺乏人性的，以实际成果作为衡量标准来看，其效率很低、甚至无效。他强调，教育的目标是通过激发人类的智慧、发挥人性并完善人，来达到造就"人"的目的，而不是仅仅培养"人力"。

1. 主体人格的觉醒

教育是一项促进人才成长的工作，它使人们具备了生存、发展和享受生活的能力。这意味着，教育的本质是服务于人类的人道主义事业。目前的教育实践受到科学、理性教育理论的影响，同时也被传统观念中"师道尊严"的思想所制约，导致现行教育存在着扭曲人性、压抑个性的问题。这种教育方式造就的学生喜欢死记硬背，缺乏灵感和创新，甚至成为被工具化的人。他们无法享受到自由和全面的成长，也不能过上健康快乐的生活，更加丧失了展现独特个性的机会。随着时间的推移，越来越多的教育学者倡导重视教育主体性，而教育主体性的核心概念可以分为两个方面：其一是高度重视学生的个性化，以便让他们可以自由地发挥他们自己的主观能动性。第二点是要尊重教育的自主权以及其相对独立性，摒弃以往的模式化教育，采取多样化的教育方式，培养富有个性的新一代人。因而，我们强调的这种教育主体性与新的人道主义教育和国际范围内民主化的潮流完全相符，也是马克思有关人类全面发展理论的实际应用和实践。

2. 创造意识的激活

教育的重要性在于激发个体的自由思考能力，以认识到自身不是现成的存在的人，而是需要通过不断地自我创造，开拓未来的可能性并不断塑造自身的意义存在于社会上的人。另一方面，更加关键的是，教育应该激发人们的创造力。只有在创造的过程中才能真正体现和验证人的自由本质，因为自由本质只是为人的发展提供了可能性，而非事实上的实现。教育的核心价值在于激发人的自由本性，引导人们追求创新，超越现有的成果，迈向更高的未来。通过不断创造和提高，人们能够不断制定新的规则和扩展"人"的内涵，实现永无止境的进步。创新可以被看作是自我实现的最高形式，这意味着创造不仅是社会精英分子所学习的专业领域，而且是高职教育所提供的高素质、高技能劳动大军的基本义务和目标。

3. 生命意义的领悟

人类所有的行为皆为了生命的维持及延续，教育作为一种社会活动，也应注重、理解与尊重生命。保护人类的精神价值和追寻的生命意义，是教育的重要使命和价值所在。然而，在实际的教育实践中，许多教育工作者在秉持科学和理性的基础上，灌输和训导学生，使之养成理性、顺从的性格特征。这样不可避免地出现了一些孩子，他们在这种氛围中，被过度约束，不懂得面对现实生活中的问题，感到压抑和孤独，发生一些让人倍感心痛的事件，如北大研究生的自杀事件和某中学生对父母的暴力行为。尽管理性的进步开拓了人类思维，获得了无尽的物质财富，但却无法满足人类幸福的全部需求。科学和理性世界十分重要，但它们无法表达人生的所有情感。因此，在后现代主义的思潮中，教育应该让学生重新回到生动丰富的感性生活世界，以满足学生在理智、情感和意志方面的多样发展需求。只有这样，才能够帮助学生更好地认识和理解社会、自然和人类。在一种重视人与自然和谐共处的文化环境下，我们能够意识到生命的价值，体验到人生的快乐，因此建立起一个灵性的住所和意义的联系网。这种教育不仅是高等教育应该追求的目标，也是我们每个人肩负着的义不容辞的责任。

（三）全面发展：高等职业教育的价值取向

发展人力资源不仅仅是为了当前的经济增长，更重要的是服务于人类社会的长期可持续发展，促进人与生态环境、自然的和谐发展。我们的社会活动的最终关注点应该是人类，因此人力资源开发的主要目的应该是促进人的全面发展。

马克思认为"全面发展"是"个人关系和个人能力的普遍性和全面性"。丁学良在他的文章《马克思的"人的全面发展"概览》中解释说，人的全面发展包括两层次和三方面的规定。第一个层次，也就是第一项规定，是唤醒自然历史进程中赋予人的各种潜能，促进其完全发展。在第二层次中，人类的对象性关系得到全面的发展（第二项规定），并且个人的社会关系也变得更为丰富（第三项规定）。

换一种说法就是，全面发展指的是个人在各个方面能力的全面提升，并且在社会交往中能够建立良好的人际关系。可以这样说：教育实践中，我们通常更关注培养和发展个人能力，而忽视了人社交关系的培养和发展。这导致社交关系成为一个束缚人主动性和主体性的外部、盲目的力量。事实表明，人们的社会交往和关系的不断拓展和深化，能够让自己远离狭隘和偏见，展现出自己的智慧和才能，增加自己的社交圈子。在与社会和他人的交往中，我们能够找到自我认同，并实现自己的梦想。只有通过相互平等的交流和深刻的理解社会关系，每个人才能在社会中获得满足其物质和精神需求的条件，实现个性全面发展的目标。毫无疑问，高等职业教育旨在培养"技术型应用人才"，但是在这个目标中，更加突出的是强调人的全面发展。高等职业教育承担着社会使命和历史责任，以实用专业教育为特色，旨在为职业生涯做好充分准备。然而，过分追求专业化会对受教育者的个人成长和社会进步造成极大的危害，现代社会要求教育促进人的多方面发展，这也是高等职业教育必须迎合的趋势。人的成长和发展是一个长期的过程，在这个过程中，人的身心各方面的结构和特点会随着年龄变化而不断发展。这种发展不仅限于某个特定阶段，而是贯穿着人的一生。

1. 确立以人为本的教育理念

以人为本的教育理念这一理念的核心内容应包含以下两个方面：首先，在教育实践中应坚持贯彻合作教育的基本理念，为学生营造和谐、平等、自由的教育环境。在 20 世纪 80 年代的教育改革中，苏联的教育家们提出了合作教育理论，其中强调了师生之间不再被权力和服从束缚，而更注重平等的人际关系。在教育目标方面，该理论更加重视学生的个性化和健康成长。作为现实社会的一分子，学生不仅具备独立思考、情感表达、内心渴求的能力，还具有积极主动的精神追求。因此，我们需要跳出"传授知识、解惑答疑"的教育模式，放弃"师道至尊"的传统观念，全面尊重学生的个性差异和人格特征，积极欣赏并支持学生通过探索、质疑和创新方式进行学习，激励学生在积极参与中展现潜能，在自主探索中获得成长，在自然演变中迈入成熟。在教学实践中，我们应该注重学生的情感状态，尊重学生的独特性格，并发掘学生的内在潜能，同时也需鼓励学生全面发展。唯有如此，学生方能拥有全面、多元、自由的成长环境，从而在社会生存与发展方面拥有更为广泛的机遇。二是将培养焦点从职业能力转变为综合素质，在高职教育中倡导综合素质教育，取代传统的职业教育思想，以学生的全面发展为出发点，全面提升学生整体的素养和水平。在教学过程中兼顾发展学生的品格和个性特质，并有机结合职业技能的培养，以实现学生素质全面提高的目标。

2. 建立能力核心的培养模式

正如我们在上文中说的，高等职业教育的目标是注重能力的培养。然而，可以说培养能力的目的就是为了培养具备完整、健全人格的人。根据这个基本信念，我们必须消除一直在内心深处困扰着我们的功利性的教育观念和"以教师为中心"的教育观念，我们需要重新思考和深入理解能力的含义，并赋予它更加深刻的文化内涵和人文意义。

要培养这种能力，首先需要确保个性得到全面和谐的发展，这是基础。其次，培养能力的最终目的是通过不同素质的融合，提升学生的整体素质水平。这种综合素质的形成，不仅是学生自身认可和精进自我的成果，同时也是不同素质在教育活动中自然交融的结果。因此，能力培养不仅是整个素质教育目标的一部分，也是在教育过程中实施素质教育的实际表现。第三，培养能力的重点不仅仅是针对某种职业技能的训练和提高，更关键的是促进学生社会关系和社会能力的发展，使学生在成长过程中成为具备见解、情感、追求和生命的感知的有价值的人才。第四，培养创业技能是至关重要的，因为这种技能的发展对于个人和社会的进步至关重要。学生只有拥有上述技能才可以被视为真正的具备能力。尽管确认能力定位的重要性不可忽视，但实现这种模式的方法比其更为重要。多年来，针对高等职业教育的研究和实践表明，我们需要进一步完善能力结构、创新教材体系、建立评价标准等一系列相关问题，以确保这种教育模式的成功实施。因此，在教育实践中，我们需要持续探索、发展和完善这一领域。

3. 创设全面发展的人文环境

随着社会的不断变化，人们的价值观念也愈加多样化。这种多元化的趋势已深刻地影响了人们的思想和行为，并贯穿于社会生活的各个领域。学生的全面成长需要借助学校的教育、管理以及人文三个方面的资源。其中，人文环境对于学生个性发展和人格健全具有至关重要的作用，不可忽视，同时学校的目标导向、价值观、教师素质、办学氛围、课程体系和校园环境密切相关，这些因素与学校的人文环境紧密相连。我们应从学生全面成长和发展的角度出发，注重职业教育的人文环境。我们要倡导和谐的人际关系，倡导群体精神，包容、尊重、合作、团结和互助，同时也要提倡自尊、自立、自重和自强的独立精神，公平、公正、守约、诚信的道德精神。我们的目标是让校园内弥漫着科学与人文的精神，使得学生在完整的个人成长过程中，能够同时提升能力和开发自身人性，实现全面和谐的发展。通过上述分析，我们对高等职业教育的培养目标有了一个总体的概念，但具体来说，如何表达呢？一般认为，培养目标就是指学生经过一定的教育与培训的过程后最终达到的状态或标准。那么就高等职业教育来讲，广义的高等职业教育的培养目标就是培养在专业技术、经营管理、经营业务、智能操作等领域为社会主义现代化建设服务的职业型实用高级专门人才。狭义的高等职业学校教育，培养的目标是让学生不仅掌握大专及以上理论知识，还能全面具备某一复杂职业或若干岗位的素质，包括应用型、技能型和工艺型能力，并注重培养他们的品德、智慧、体魄和审美素养，让他们成为全面发展的新型职业人才。上述的高等职业教育培养目标充分展现了高等职业教育、职业教育，以及中国特色的独特特点，将它们相互融合进了高等职业教育中，形成了一种有中国特色的高等职业教育培养目标。

第二节　职业教育人才培养制度

　　教育制度是知识、技能传授的保障，亦称国民教育体制，是指一个国家依据其教育方针、教育目的所设置的实施机构及其运行的各种规章规范的总称。职业教育制度是关于职业教育的一种稳定的行为方式和结构状态，这种稳定的行为方式和结构状态是建立在有关职业教育的共识和规范之上的，并由一定的强制性或权威性的规则加以调整和约束。制度作为一种规则、程序的体现，是完善高职人才培养模式创新的基础所在。对此，实现高职教育人才培养模式的创新，以适应高职教育转型升级的需要，必须建构良好的制度环境。作者认为高职人才培养制度就是学校与行业企业如何合作育人的制度，产教融合是高职人才培养的核心制度，是职业教育与产业界为了推动技能养成与发展而进行的资源优势互补的合作活动、关系及保障制度，这体现了高职人才培养的根本特征。

一、高职教育产教融合制度的内容

　　为了跟上经济发展的步伐并增强企业的竞争力，我们需积极培养高水平的技能人才。建设高素质人才队伍是高等职业教育目前所肩负的重要使命。高等职业教育的重点在于让学生既掌握理论知识，又具备实际操作技能，符合学生工作的需要，同时也保证他们的可持续发展。因此，为了培养高水平技能型人才，我们需要在教学过程中建立一种适应高等职业教育特点的产教融合教学模式。这种模式以学校和产业部门为核心，遵循平等互惠、优势互补的原则，旨在实现产业与教育相互融合，从而提高学生的实践能力和职业素养。在产教融合教学模式中，学校将产业领域的教育资源和环境纳入教学中，让学生将理论知识与实际操作相结合，实现教育活动和生产活动的紧密融合，这可以归纳为以下四个方面。

（一）生产过程与教学过程相接

　　产教融合教学模式的有效实施，需要将生产过程与教学过程紧密结合。两者的衔接主要表现在：第一点是生产过程和教学计划的衔接。学校教务科和技能开发科每个学期初都会根据企业生产的流程和周期制订教学计划，并根据不同生产阶段安排相应的理论和实践教学。此外，生产任务与教学内容相辅相成。换一种说法是：根据企业的生产任务，设计相应的教学内容，通过掌握理论知识和技能，完成生产任务，以加深学生对企业生产管理过程的理解，了解生产中的劳动组织关系。我们可以根据企业实际的生产任务，设计不同层次的实践教学内容，将公司的产品零件、模块、单元作为学生技能训练的主题。学生将全程积极参与生产过程，担负起作业的信息收集、计划制定、决策执行、实施控制、检查评估等六个环节的独立任务。以这种方法，我们可以有效地提升学生的实践技能、工艺技能和可持续发展技能，同时还可以培养学生的责任感、团队合作精神和安全意识。

在保持传统工学交替教学模式的基础上，利用现有的生产实训资源，加强校企合作，实现"产教融合"人才培养模式。通过增加生产和教学过程的交替次数和范围，促进教学内容和实际生产需求更好的匹配，从而提升培养质量。以模具专业为例，我们可以制订相应的教学计划，确保学生在掌握"产品开发—模具设计—图纸审核—工艺制订—模具加工—模具装配—试模—修模"的生产流程中获得充分的实践经验。同时，我们将根据每套模具的具体情况，为其指定专门的负责人和成员，并按照约定的完成周期安排工作。在此过程中，我们将保持与企业的密切合作，协调好生产和教学之间的关系，确保生产过程与教学过程相互补充，既满足企业的生产需求，又保障学生的学习效果。高等职业教育的教学模式已经超越了传统的老师为主、学生为辅的教学方式，也不再是单纯的模仿式教学模式，而是以学生为中心，注重实践操作、探究和思考的教学方式。相反，这种模式鼓励学生亲身去参与实际的生产过程，通过亲身感受和实践获取相关知识和经验。这种教学方式有利于学生在学习的同时完成实际的生产任务，从而实现了教学效果的双赢。此外，这种教学方式能够有效地提高学生的学习积极性和效率。每个单元的工作都有详细的过程。以零部件生产为例，流程如下：首先，技术部会制定零件加工方案；其次，车间主任会根据产品精度和难度制订生产计划；最后，实习指导老师会根据零件加工的要求为学生实习生安排加工任务。实习指导教师会考虑到课程进度、学生个性、产品精度、产品难度以及机器设备性能等因素，制定合理的加工计划，以确保实习教学进程的顺畅开展。具体来说，首先应仔细分析产品的精度、生产周期及难度等因素，以便能够恰当选择适合的设备和学员。其次，老师将会给学生提供基础指导或授课，并明确任务的要求。学生会对任务进行分析并列出具体的加工步骤，接着，这些步骤会被提交给教师进行审核并签署确认。学生可以使用提供的生产工具进行首次生产加工，接着由班级质检员、教师以及车间质检员进行检测并确认签字。学生可以在经过首次检查合格的产品为基础样品的基础上，继续进行产品加工。最后，老师将会对此做出总结。

（二）生产环境与教学环境相融

生产环境就是产品生产的现场，这是影响制造和产品质量的重要因素。教学环境就是会对教学活动产生影响的各种外部因素。广义的教学活动涵盖了许多不同的影响因素，这些因素可以对整个教学过程产生影响，如技术、社会结构和家庭背景等因素。教育场所呈现出一些特征，即场域性、互动性以及结构性。

在产教融合的教学模式中，将生产环境和教学环境融合在一起是一种行之有效的方法。有三种主要方式来实现两者的融合：第一种方式是学校生产型。学校根据学生所学专业、发展目标、企业需求和实训条件，与企业合作，在此基础上计划组织实践教学。其次，是以工厂为学校的教育模式。换一种说法：工厂创办技校并承担技校的所有权责任。通过这种方式，工厂可以有目的地培养出符合其自身需求的人才。工校联合型是指将工业培训和学校教育结合起来的一种培训模式。也就是说，技工院校和企业合作开展教育，达成共识并一起制定培养目标、课程设置、教学计划、人才素质等等方面的协议。我们希望在将生产环境与教学环境融合的过程中，充分发挥学校和企业这两个教学场所的优势，以实现硬件和软件环境的相互整合。学生在进行实际生产性实训时，可以共用学校和工厂的场地和设备来实现硬件环境的融合。学生进入实训时，需要整合软环境，重视培养学生用人标准和企业规范，以符合企业文化和企业精神为总体方向。通过这种方式，学生可以直接参与到企业的生产活动中，不仅可以有效提升职业通用能力，还可以形成职业意识，并提高对自己所从事岗位的信心。

（三）生产资源与教学资源相合

生产资源是指确保生产过程顺利进行所需要的各种人力、设备、材料等。教学资源是指教学过程中被教学者利用的一切条件。生产资源与教学资源相合是产教融合教学模式实施的有效措施。如何将企业生产设备的"工件"变成学生实习、学习的"学具"是重要环节。目前职业教育主要是通过以下两种方式实现生产资源与教学资源的结合：其一是仿真性结合。由于高职院校受到资金的限制，对于更新换代频率快的仪器设备，学校没有条件也没必要长期引进。学生可以通过仿真企业生产的设备软件，全面了解生产流程和设备调试的过程，从而加强对真实生产过程的感知与体验。其二是实践性结合。这种结合方式主要适用于有校办工厂的学校，学生在校办工厂真实的生产过程中进行实训，体验实训过程的"全真性"、技能训练的"职业性"、运行管理的"企业性"。在校内生产性实训中，生产任务即为实训内容，生产过程即为实训过程，生产产品即为实训结果。实训结束后，学生实训中产出的合格产品直接作为工厂的产品对外销售，学生便成为企业的员工。如果学校没有校办工厂，可以加强建设顶岗实习基地，让学生在企业实习岗位上体验真实的工作环境、工作过程和工作情景，为将来的就业奠定坚实的基础。

（四）生产工时与课程学分相通

生产工时是工业上计算工人劳动量的时间单位。课程学分是用于计算学生学习量的计量单位，是学校基于专业教学计划对课程进行考核评价的标准。现代职业教育培养的是应用型、实用型人才，强调学生的就业能力和岗位适应性。产教融合教学模式下赋予学生双重身份，学生既是学校学生又是企业员工，因而，高等职业教育教学应探索和完善适合技能培养和产教融合的学分与工时互换模式，生产工时与课程学分的相通是产教融合教学模式得以实施的重要保障。两者的相通主要有三种形式：一是双证制度，理论课和实训课都占据一定比例的学分，实训课的学分由工时兑换，学生修完课程并达到标准后即可获得学分，累积学分达到教学计划标准后可向学校申请职业鉴定，并获取毕业证书；二是学分互认机制，即学生获取的技能证书和技能奖项可兑换成相应学分；三是工学交替，充分考虑职业教育工学结合的特点，允许学生学习时间的间断，对于学生就业或创业过程的学习经历也可以折合成学分，如同零存整取的"学分银行"，充分注意生产工时与课程学分的互换。

二、高职教育产教融合制度的形式

（一）基于资源依赖的合作式融合

合作式融合是通过职业学校选择现代化程度较高且与自己所设专业相关的行业企业，获取实训设备及顶岗实习机会，学生接受企业师傅指导；同时职业院校通过为企业培养输送高技能人才、培训企业员工等行为，实现两者资源互换的一种双向沟通、相互依赖的融合方式。合作教育是一种将课堂上的学习与职业上的学习相结合的教育模式，学生参加工作是整个教育过程的重要组成部分，是有领导、有组织、有计划、有步骤的教育行为。学生将理论知识应用于与之相关的实践领域，为真实的雇主效力。校企合作中的校与企是具有不同社会功能和特点的组织，两者合作能否实现彼此预期的目标，基于资源依赖。资源依赖是指组织在一个开放的社会系统内，不可能拥有赖以生存和发展的所有资源，而不得不依赖外部环境，从外部环境中引进、吸收、转换各种资源，进而形成组织间的资源相互依赖的关系网络。在实践中，合作式融合作为职业教育参与企业生产最为普遍的一种形式，基于职业学校高技能人才培养需要，既加强理论素养的养成，更注重实际操作能力的训练。

（二）基于资源共生的嵌入式融合

嵌入式融合是指为完善实践教学条件，提高人才培养质量，学校通过与企业共建生产性实训基地，或将企业生产等相关资源引入职业学校，借助真实的岗位环境，为高技能人才培养创设生产情境的一种融合方式。嵌入式融合的载体是校内实训基地，目标是培养高技能人才，核心是深度的产教融合，理论基础是资源共生。共生是个体或组织为了获得生存，按照一定的模式彼此依赖、互相依存，形成共同生存、协同发展的关系。共生的形式主要包括单元、模式和环境三类基本要素发生稳定和谐的结构关系。嵌入式融合是职业学校主动选择的一种共生行为，它以校内实训基地的生产线为共生单元，以协同培养高技能人才为共生模式，以校企互利共赢为共生环境，形成学校与企业之间相互促进、互利互惠、共同发展的共生关系。基于此，嵌入式融合的原则应以产业布局为导向，坚持将岗位环境引入学校，岗位需求引入教学，岗位标准引入学习，实现产教深度融合，校企深度合作。嵌入式融合的内容是学校把企业文化、岗位标准、职业要求引入教学中来，这样才能在实践中培养学生的操作技能，在管理中养成学生的品质理念，进而探索"做中学，学中做"的实践教学，实现产业、行业等要素与教学的融合，逐步建立稳定的长效机制。

（三）基于资源整合的关联式融合

关联式融合是通过对各类职业教育资源的重组与整合，实现多元主体的协同与合作，特别是行业企业的有效参与，使职业学校的教学链、经济的产业链和社会的利益链互相对接，构成系统的人才培养、输出、聘用、培训体系的融合方式。关联式融合是参与各主体在平衡权、责、利的前提下，发挥自身优势，获得发展的一种自我选择。利益相关者是指影响目标实现的个人或组织，职业教育利益相关者是指与职业教育存在具有合法性的直接或间接利益关系的个人或组织，主要包括政府、企业、职业院校、学生、教师等。不同的利益相关者由于自身性质的不同决定了其利益诉求的差异，借助利益相关者理论的综合平衡、高效集约、互利共赢等原则，厘清职业教育利益相关者之间权利与责任，可以为培养高技能人才提供良好的对接环境。

（四）基于资源集约的共享式融合

共享式融合是为培养社会经济发展所需的高技能人才，政府借助教育公共基础建设的契机，整体规划，合理布局，综合开发，完善基础设施建设，为职业学校发展创造有利的条件，通过投入共享资源在空间上或组织上的有序有效集聚，使多个主体共同使用的一种融合方式。共享式融合是职业教育集约发展、集中建设、共同利用的一种方式。聚集经济是交易活动在市场力量作用下，资源或生产要素的空间集聚及配置，实现成本节约的一种经济形态。职业教育资源聚集有助于内部成员之间资源共享，提高资源利用效率，发挥组织功能。共享式融合的原则是提高资源的利用效率，发挥资源集聚的协同优势，通过资源共享实现职业引领与教育教学的融洽，校企合作促成现代企业与现代教育融合，工学结合推动工作规律与学习规律的融通。共享式融合的内容是，为跨越学校与企业之间的沟壑，消除空间障碍，提高职教资源的使用效率。随着产教融合发展成为普遍共识，"抓经济必须抓职教，抓职教就是抓经济"的观念深入人心。为提高人才培养质量，服务区域经济的能力，各地方政府为推进职业教育进行公共投资，建设公共资源，成为产业和学校的"磁石"，在资源共享过程中提高经济效益，促进产教融合。

社会组织在不断分工的过程中促进了社会各项事务的精细化发展，同时也导致很多公共资源的分散，社会利用率降低。为了提高资源利用率，就需要我们运用理论联系实践、经济结合效率来解决此类问题。在实践中，职业教育园区作为对共享式融合的一种有益探索，是以职业学校为主体，以实现资源共享、优势互补和产学研一体化为主要目标，以专业建设、人才培养、科技研发或某种资产为主要联结纽带与共同行为规范，基于地域，立足行业，依托校企合作平台，推动区域产业结构升级，实现区域可持续发展的一种集教育、科研、开发、生产、服务等功能为一体的综合性职业教育实践模式。职业教育园区与其他组织形式相比最大的特点是通过空间的集聚来实现收益的最大化，有利于实现规模效应，促进相关信息的外溢，实现主体的多样性和互补性。

三、高职教育产教融合制度的机制

（一）产教融合办学模式的运行机制

运行机制，是指影响人类社会规律性运动的各种因素的结构、功能及其相互关系，以及这些因素产生影响、发挥功能的作用过程和运行方式。运行机制引导和制约着决策的制订，是与人力、财力、物力相关的各项活动的基本准则和相应制度。要保证系统内各项工作目标和任务顺利实现，就必须建立一套协调、灵活、高效的运行机制。

受自身办学条件和社会认可度的影响，学校要确保实现预期的产教融合办学模式成果和实效，就必须高度重视运行机制的建立。例如，湖南铁道职业技术学院结合自身及合作企业的实际情况，从建立不同阶段产教融合办学模式运行的子机制着手，在子机制逐渐完善的基础上，逐步探索建立推进产教融合办学模式的整体运行机制。应当高度重视产教融合办学模式过程的规范和管理，避免产教融合办学模式虎头蛇尾、零散重复，甚至出现形式大于内容、有名无实或无果而终的现象。

（二）产教融合办学模式的动力机制

建立有效的动力机制，是推动和促进产教融合办学模式过程中各方积极参与技能型人才培养的重要保证。动力机制的功能在于激发系统内部各利益主体的利益动机，并将这种动机转化为合作培养人才的强大推动力。产教融合办学模式育人的动力机制的实质，就是通过一定的经济利益机制，充分调动和发挥系统内部各参与要素的积极性、主动性和创造性。

职业教育通过产教融合办学模式，可以有效地利用企业的各种教育资源，很大程度上缓解办学资金不足、实践教学资源短缺的问题。产教融合办学模式培养技能型人才，能打破学校以往的封闭办学模式，密切学校与经济社会之间的联系，有利于学校紧密结合区域产业结构的优化调整，特别是可以依靠行业、企业的实际需求开展教育教学改革，切实提高所培养人才的社会适应性和岗位适用度。

（三）产教融合办学模式的分配机制

企业作为经济法人实体，其最终目标是追求利润的最大化。而职业院校作为教育机构，其主要目标是培养人才和发挥社会效益。产教融合办学模式的过程，应将企业追求经济利益极大化和学校追求社会效益最大化两者紧密地结合在一起，使校企形成紧密型的利益共同体，最终实现互利共赢、各取所需、利益共享的过程。

通过产教融合办学模式，企业可以优先录取职业院校的优秀毕业生，同时可以利用学校的科研力量和资源，为企业提供业务咨询、技术服务、员工培训及科研成果转让等服务。企业还可以借助双方文化互相渗透，通过学校提炼核心文化，丰富文化内涵，提升企业知名度和美誉度。

（四）产教融合办学模式的激励机制

构建产教融合办学模式的激励机制，是指通过利益驱动、优势互补、政策推进等因素，激励校企产生协同的意愿，提高协作的积极性，进而实现协同发展的有关政策、制度和运作方式。建立、健全产教融合办学模式的激励机制，可以有效地保证校企合作各主体的地位和职能的实现，是实现产教融合办学模式利益互惠的根本保障。激励机制具体包括以下几方面。

实施财政激励机制。政府运用财税政策手段对行业、企业进行激励和引导，这是促进校企协同发展的行之有效的方法。在政府层面，可以给予参与产教融合办学模式的企业更多的税收减免政策，包括允许企业加计扣除培训职业院校师生产生的费用、允许企业对顶岗实习学生使用的固定资产加速折旧、允许企业因借给职业院校款项产生的利息收入减税、允许企业设立的符合条件的实习基地收入免税等。通过政府的税收激励政策，可以有效地解决企业的利益驱动问题，大大提高企业参与高等职业教育的积极性。

实施权利激励机制。产教融合办学模式既要强调企业的义务，更要保障企业的权利，这是建立产教融合办学模式长效机制的有效保障。只有不断加强、完善和改进相关法律、法规，从法律上切实保障企业在校企合作过程中的地位和权利，切实维护企业的权益，才能保证企业参与产教融合办学模式的积极性。政府要通过立法的形式，明确规定企业在产教融合办学模式过程中享有的权利。

实施荣誉激励机制。荣誉激励，就是通过授予荣誉称号的形式，承认企业在产教融合办学模式过程中做出的贡献，从而提高企业的社会责任感。对企业实施荣誉激励，可以从以下几个方面着手：一是对积极参与产教融合办学模式并取得良好效果的企业授予荣誉，认定其为技能型人才培养示范基地，对企业负责人给予物质奖励；二是通过对开展产教融合办学模式为社会作出贡献的企业授予社会贡献奖，并在企业人才培养创新、技术创新立项上给予政策倾斜；三是在企业信用等级评定、企业综合实力评估和人力资源开发战略实施上给予倾斜或奖励。

四、高职教育产教融合制度评价

（一）评价理念

以科学发展观为指导，充分发挥产教融合评价模式对提高学生知行一体的能力和对全面提高学校教育教学质量的重要作用。充分发挥产教融合评价模式对改进学生管理工作、日常教育教学实践的功能，优化学生管理的工作制度，转变教育教学观念，改善教育教学方式，不断提高教育教学工作的效率和效果。逐步完善产教融合评价模式结果的应用，使之与学生评优、奖励、扶助、实习（就业）推荐、参军、毕业资格审核等结合起来，充分发挥产教融合评价模式的激励作用和导向作用。

（二）评价原则

1. 发展性原则：评价制度不是面向过去，而是面向未来，其以发展为目的，其最终目标是充分调动学生的积极性。

2. 导向性原则：树立正确的学习观、实践观、人生观、世界观。

3. 多元性原则：评价的内容和方法要表现出动态、发展、多元化。

4. 人本性原则：体现以人为本的评价理念，重视个体的差异性，突出评价过程中的学生主体地位。

5.过程性原则：要在动态过程中，把形成性评价与终结性评价结合起来，使发展变化的过程成为评价的组成部分。

6.全面性原则：内容和标准必须有利于学生的全面发展，既要体现群体的互助协作，又要尊重学生的个体差异，促进学生个性发展。

（三）评价主体

1.学校产教融合评定工作领导小组。其由学校行政领导、教学处干事及学生处干事等人员组成。

其主要职责是：

（1）确定全校学生的产教融合考评方案；

（2）指导、督促开展相关工作；

（3）组织全校学生的产教融合评定结果的统计分析，形成反馈意见，指导改进教育教学；

（4）对评定中出现的分歧予以仲裁。

2.师生评定工作小组。每个班级成立评定小组，由班主任、任课教师、学生代表组成，人数为5—7人。具体人员由班主任确定，并报学生处备案。

其主要职责是：

（1）制定并适时调整班级考评的评价方案和标准；

（2）组织本班开展包括评价、记录、打分、汇总等工作；

（3）反馈评价过程中出现的问题，上报考评结果。

工作小组中的教师必须是任课教师，对学生应有充分了解，同时具备较强的责任心和较高的诚信素质。小组中的学生不参与教师评分，但应参加实证材料审核、评价细则讨论等决策过程。小组名单要在考评工作正式开展前向被评班级所有学生公布。

3.家长评定。每个学生的产教融合评价都需要家长的参与。

其主要职责是：

（1）协助学校开展产教融合评价工作；

（2）参与学生进行评价工作，反馈学生各方面的表现；

4.行业企业评定。

其主要职责是：

（1）对实习生的实习情况评定，包括记录、打分、汇总等工作；

（2）反馈实习过程中出现的问题，上报考评结果。

第三节　职业教育人才培养改革案例

一、高职教育机电一体化技术专业人才培养改革案例

（一）机电一体化技术专业改革试点概况

上海科学技术职业学院是一所区属公办全日制高等职业院校，在校高职生四千八百余人，是上海市"花园单位""上海市文明单位"。学院设有商贸管理学院、通信与电子信息系、机电工程系、人文与社会科学系和基础教学部，下设20余个专业，拥有12门上海市精品课程、6项上海市教学成果奖、多项市教育科研成果奖及教学名师和教学团队。

近年来，机电一体化技术专业深化人才培养模式改革，主动承担"中高职贯通"培养和"双证融通"人才培养改革试点任务，参与起草"双证融通"改革试点系列文件，在理论和实践上都进行了积极探索。

1.改革试点工作目标

机电一体化技术专业实施"双证融通"人才培养改革的总目标是：通过将电工证书对应的职业技能标准、职业技能培训和职业资格鉴定与本专业教学标准、教学环节和教学考核融合，推动校企合作深入开展，推进课程体系优化和教学改革深化，提升专业人才培养质量。具体目标如下。

（1）构建以融通课程为核心的课程体系

根据专业人才培养目标的要求，构建以应用电子电路调试与维修、电气控制线路装调维修、交直流调速系统装调维修和可编程控制系统装调维修等"双证融通"课程为核心的课程体系，在体系框架和课程设置上体现对接岗位群核心职业能力和服务人的全面发展的要求。

（2）聚焦"双证融通"课程改革

按照《上海市高等职业教育"双证融通"人才培养改革试点实施办法》和《上海市高等职业教育"双证融通"人才培养改革试点工作指南》的要求进行"双证融通"课程教学方案的设计，开展考核鉴定题库和鉴定设备的开发，做好教学资源制作和课堂教学设计。

（3）推动校企合作深化

以"双证融通"改革试点为契机，加强政、校、企协同机制形成，推动校企合作向共建共赢的方向发展。通过政府机构的政策引领和项目引导，打造校企深度合作的平台；通过联合实训室规划和 PLC 控制系统综合实训设备的开发，提升任课教师的技术能力，打造学有所长的技术服务团队；通过教学资源投入和设施设备共享，提升企业参与改革试点的积极性。

（4）完善保障条件和机制建设

加强"双师型"师资队伍建设，提升"双证融通"课程任课教师的专业水平和开发能力；政府引导、校企共建，保障以"双证融通"课程考核鉴定设备为重点的实践教学条件的改善和相关经费的投入；在教学、学生、人事等方面建立灵活高效的管理机制，保证教学和考核的顺利实施和激发教师参与试点的积极性。

2.改革试点基本任务

（1）制定试点办法

该专业改革试点的推行采取试点实施、逐步扩大的方式，为此专门制定了《上海科学技术职业学院"双证融通"试点工作管理办法》，规定：对于 2015—2017 级学生，定位为小范围试点阶段，通过一届学生（三年）的完整培养，提取经验、总结提高。在这一阶段，选择一个班级开展试点，采取从新生报到后编排的班级中抽取一个自然班的方式产生，保持各班生源结构基本相同，方便对照研究。考虑到试点要求较高，学生参差不齐，在第二学期进行甄选，根据课程不及格门数或缺失学分数，将达不到要求的学生调整到非试点班级。

自 2018 级开始，将试点范围扩大至本专业所有班级，并取消甄选程序。对于"双证融通"课程不及格的学生，根据试点文件要求并结合学院《教学管理实施细则》规定，安排补考和毕前考；对于"双证融通"课程合格确有困难的学生，在第五学期指导其选修电工中级（四级）培训课程，并与其他专业学生一起参加社会化职业技能鉴定。

（2）明确试点任务

改革试点实施过程中需要完成的主要任务有以下几个方面。

①开展岗位职业能力分析和职业资格证书调研，提取自动化设备装调与集成岗位典型工作任务和电工职业技能标准的职业功能定位。

②确定"双证融通"课程，构建以其为核心的课程体系，制订机电一体化技术（双证融通）专业人才培养方案。

③进行"双证融通"课程教学方案设计。为每门课程编制课程标准、教学实施方案和考核方案。

④进行"双证融通"课程资源建设，重点关注"电气控制线路装调维修""可编程控制系统装调维修"课程操作技能试题设计、理论题库开发和综合素养评价指标确定。

⑤校企合作做好操作技能训练与鉴定设备的开发，体现重视规范、重视质量、贴近实战的特点。

⑥组织实施"双证融通"课程教学。提倡采用任务引领、项目导向的教学模式，采用情景教学、理实一体化等方法，融入课程思政的培养要求。

⑦做好资料归档工作，为向同类专业推广试点做好准备。

（二）改革试点实施步骤

机械制造与自动化专业开展"双证融通"人才培养改革试点的实施步骤为：

1. 改革试点准备阶段

在专业层面成立"双证融通"改革试点工作小组，按照学院"双证融通"改革试点相关管理规定，做好改革试点班级的确定、相关人员业务培训和"双证融通"课程任课教师培养，为开展"双证融通"试点准备。进行铣工初、中、高级职业技能标准、职业资格证书要求的分析，开展职业岗位对应的工作任务和职业能力调研，确定"双证融通"课程。

2. 方案制定阶段

以"双证融通"课程为核心设置专业课程，按照立体化职业素养培养要求选择职业素养和创新创业课程，结合公共基础课的统一安排构建课程体系，制定《机械制造与自动化专业"双证融通"人才培养方案》，经学院审定后报市级"双证融通"专家小组审核。根据审核通过的人才培养方案要求,在技能鉴定和职教专家的指导下,编制"双证融通"课程方案,包括各门课程的课程标准、教学实施方案和考核方案,重点做好操作技能鉴定项目和考核方式的确定。

3. 资源和设备开发阶段

在技能鉴定专家的指导下,做好"双证融通"课程操作技能鉴定题库的编制,对应做好鉴定设备的定制、采购。对应课程标准、考核方案,编写教材、实训指导书,制作课件、微课等教学资源,为改革试点实施做好准备,为加快实施进度,可采取边试点边完善的方式进行。

4. 组织实施阶段

按照教学设计方案要求组织"双证融通"课程教学,采用任务引领、教学做一体化等方法,把职业素养、课程思政的要求融入教学过程。通过院校学生鉴定管理信息化平台进行过程管理和鉴定申报,按《上海市高等职业教育"双证融通"人才培养改革试点实施办法》要求组织理论知识考试和综合素养评价,协助上海市职业技能鉴定中心组织现场操作技能考核。

5. 总结与优化阶段

根据第一轮"双证融通"改革试点实施效果和教学评价情况,修定专业人才培养方案、"双证融通"课程教学设计方案,优化考核题库和鉴定设备,报市级工作小组备案后开展新一轮改革试点。总结和提炼试点经验,形成本专业"双证融通"人才培养改革试点方案。

(三)改革试点实施情况

上海科学技术职业学院为上海市高职"双证融通"改革试点服务平台建设单位和首批试点专业联络单位,机械制造与自动化专业多位教师参与了双证融通公共服务平台的建设以及工作论坛的筹备与培训工作,对"双证融通"课程体系、操作流程等有详细的理解,这为改革试点的顺利实施奠定了基础。

在 2016 年 3 月到 10 月,机械制造与自动化专业积极开展专业调研和自我诊断,按照与目标岗位群对应、与国家职业标准对接的原则,参照工作过程系统化的课程开发方法对课程体系进行重构,对专业人才培养方案进行修订;按照工作过程导向的方法完成"双证融通"课程设计,编制课程标准、教学实施方案、考核方案等教学方案;按照方案的要求配备师资、开发实训和考核设备、选取(或编制）教材、编写理论与操作技能题库等。

在 2016 年 12 月顺利通过了机械制造与自动化专业双证融通人才培养方案的审核，于 2017 年 5 月完成了首个双证融通课程"数控加工工艺"方案的课程审核，目前正在准备"数控机床操作与零件加工""数控铣削编程"两门课程的审核，"计算机辅助设计与制造"尚在建设过程中。

通过近一年双证融通改革试点的实施，机械制造与自动化专业教学资源通过课程建设得到完善；实训和考核设备通过开发、购置以及调试已应用于实训教学中；专业教师在此过程中，积极参加"双证融通"的各项培训，对"双证融通"的内涵以及具体目标与工作任务有了较深的理解，对整个试点工作中需要做什么，应该怎么做理清了思路。专业教师积极参与到融通课程的建设中，与同类院校相关专业同行以及企业专家从培养方案到各门课程的建设以及实训设备的开发等多次研讨以寻求最优的方案，在此过程中，教师的专业能力得到了很大的提升。

（四）改革试点实施经验及建议

1. 主要经验

（1）让学生充分了解"双证融通"

在试点班运行开始之际，编写了《试点班级组成与管理办法》，并向学生下发"双证融通"改革试点情况告知书，让学生充分了解试点的过程和要求，为后续试点工作的顺利进行奠定基础。

机床工操作工职业资格证书分为车工和铣工两种，而我们本次双证融通改革试点是针对铣工。因此在改革实施前我们必须了解学生的职业资格获得情况，高职学生一大部分来自三校，部分学生在三校时已获得铣工三级资格证书，而这部分学生会更倾向于在高职学习阶段获得车工的职业资格证书。因此在试点实施前需要让学生充分了解双证融通，并根据自身情况和意愿做出选择，确保试点班级学员的稳定性。

（2）通过课程整合优化"双证融通"课程

该专业邀请了行企专家以及同类院校同专业教师开展了多次研讨会，最终确定了四门融通课程以及课程名称。所选课程具有专业代表性，属于专业核心课程，既能体现本专业的核心技能，又能涵盖"铣工"这一工种的主要理论实操内容。

在选定课程时，一定要考虑周到，既要考虑到理论考核的开发、建设问题，又要考虑到技能操作考核设备是否合理、充分。该专业在融通课程选定时，其中"计算机辅助机械设计"与"CAD/CAM"原属两门独立的课程，属于铣工（三级）职业资格操作模块中的重要内容，如果将这两门课单独作为融通课程，将出现"计算机辅助机械设计"课程理论知识题库建设困难的问题，经多次讨论，最终将两门课程进行整合，使得此门融通课程的理论与实践建设得以顺利进行。

（3）将职业素质培养融入专业课程教学

由于职业素质的高低直接影响到学生的就业竞争力和用人单位对学校教育的满意度，该专业高度重视学生职业素质的培养，将职业素养训练与课程教学衔接，在专业课程中尤其是双证融通课程中融入企业精神与企业文化，同时聘请企业能工巧匠进课堂，为学生讲授一线企业现场管理知识等。

（4）合理利用资源，为"双证融通"课程考核做好设备保障

机械制造与自动化专业在开展"双证融通"改革试点过程中，考核设备除了各类软件、仿真机房、数控工艺实训设备外，"数控机床操作与零件加工"课程考核所需的设备是该类专业的难题。在该轮试点中，该专业与其他两所院校同类专业都存在着场地有限、机床台套数不足、型号不统一的问题，由于机床设备价格昂贵，受经费限制无法购置更多的设备。目前试点院校现有机床设备能满足学生分组操作实训的要求，但考虑到鉴定考核会因分批次数多以及试点院校间设备不统一的因素，故在该门课程的操作技能考试中，提前与职业技能鉴定中心做好沟通，利用该中心的设备进行考核，这样合理利用了职业技能鉴定中心的设备资源，为"双证融通"课程考核做好设备保障。

（5）企业对"双证融通"改革试点的深度参与

"双证融通"改革旨在实现课程内容与职业标准对接、教学过程与生产过程对接、学历证书与职业资格证书对接。在建设过程中该专业加大与企业的交流合作，将企业最新的岗位工作任务、能力要求融入课程中来，同时引导企业一线技术人员参与到课程建设和课堂教学中，有效地保证了"双证融通"课程建设的质量，同时为今后改革试点、学生职业能力的提升打下坚实的基础。

2. 相关建议

该专业"双证融通"改革试点项目由于受专业调整的影响，试点从 2017 级

学生开始，项目正有序进行中。根据在改革试点过程中遇到的问题提出如下几点建议。

（1）重视院校同类专业之间的协作

改革试点的过程中，课程开发是一大难题。目前，职业教育普遍存在师资紧张的现象，光靠一所院校完成课程开发，必然存在专业教师精力不足、技术能力有限的问题。为了较好地完成铣工"双证融通"课程资源建设，本次三所对"铣工"进行双证融通试点的同类院校协同企业专家成立了各门课程开发小组，在培养方案、课程标准、教学实施方案、考核方案制定的过程中，团结协作，多次交流沟通，采用课程资源共建的方式，保证了考核鉴定要素、试题的一致性，同时确保改革试点工作内容更优质更高效地完成。

（2）总体把握、分工明确、责任到人

在整个融通项目实施的过程中，需要有完善的管理制度。需要校级"双证融通"领导小组总体把握，给予经费、制度上的保证；需要"双证融通"工作小组将试点工作任务分解为方案制订、课程开发、教学实施等多个子项目，采用项目负责制，任务到人，责任到人。在前期课程开发的过程中，需要将四门双证融通课程再分解，成立课程开发小组，每门课程都有专人负责，由三所试点同类院校相关专业教师共同开发完成。在后期教学实施过程中，针对每一届试点班级，需要成立教学实施小组，将学生管理、资料信息录入、鉴定考核申请、考务管理以及资料归档等工作责任到人。只有这样才能使试点工作更有序进行，才能使试点工作任务更好地完成。

二、高职教育物流管理专业人才培养改革案例

（一）物流管理专业改革试点概要

上海交通职业技术学院是 2001 年 4 月经上海市人民政府批准、教育部备案的公办全日制普通高等院校。学院背靠行业，面向市场，开设具有综合交通行业特色的专业，其中"集装箱运输管理"专业为教育部认定的国家级示范性建设试点专业，"报关与国际货运"专业为上海市示范性建设试点专业。上海交通职业技术学院物流管理专业经过多年的建设，获得迅猛发展，建设了交通部财政支持

的航运与物流管理开放实训中心。

1.改革试点工作目标

通过在试点专业实施"双证融通"的人才培养模式改革，目标是实现"使证书对应的职业标准内容、职业培训过程和职业技能鉴定过程与融通课程的教学标准、教学过程和教学考核环节融合，推动专业教学改革和内涵建设的深化，提升试点专业人才培养水平"。

（1）构建"双证融通"课程体系

按照分层化的国家职业标准理念和基于工作任务的课程开发方法，梳理、优化和构建课程体系，在突出"双证融通"课程重要作用的同时，体现与其他专业课程的融合。

（2）聚焦"双证融通"课程改革

按照"人才培养改革试点实施办法"和工作指南的要求建设"双证融通"课程，包括课程教学文件的编制，理论考试题库和操作考核样卷的开发，教学资源和实践条件建设等，在融通课程教学中探索以任务引领等行动导向型教学模式改革。

（3）完善保障条件和机制建设

通过外引内培、校企合作等方式加强"双师型"师资队伍建设，以"双证融通"课程任课教师为重点提升教师教学水平和专业水准；建设和改造培训和考核设备，满足"双证融通"课程培训和考核需要，提升设备建设和管理能力；在教学、学生、人事等方面建立配套的管理机制，保证改革试点的顺利推进。

2.改革试点基本任务

（1）试点对象

按照《上海交通技术职业学院"双证融通"管理办法》，首先从2015级学生进行试点工作，采取从15级的2个物流管理专业平行班级中择优选取，确定为15双证物流班，全班共30人。

（2）试点任务

在试点实施期间要完成的具体工作主要包括以下几个方面。

①对"双证融通"试点工作开展职业资格证书和岗位职业能力调研、分析和论证，为科学有效地推进试点工作奠定基础。

②梳理、比较和分析试点专业对应职业（工种）的国家职业标准与专业教学标准，确定"双证融通"课程，以分层化国家职业标准的理念为指导确定课程体系，制订专业人才培养方案。

③分三步建设"双证融通"课程，每一步均要编制"双证融通"课程的课程标准、教学实施方案和考核方案，重点做好课程资源建设和考核题库开发，探索以项目为主线的综合素养保养和评价方法。

④组织实施"双证融通"改革试点。按照"双证融通"人才培养改革的要求，采用任务引领、教学做一体化等方法，把职业技能标准、岗位技能、职业素养要求融入教学过程，根据课程特点做好职业核心能力和职业道德的培养。

⑤收集整理试点过程中产生的数据、文本等资料，做好归档工作，为全面推行和向本领域同类专业推广做好准备。

（二）改革试点实施步骤

上海交通职业技术学院"双证融通"试点工作的开展，是在上海市高职教育"双证融通"工作小组指导下，按照工作指南中确定的流程开展。基本按照"人员配备—工作动员—方案制订—教学与实践条件准备—组织实施—教学评价—方案修订—组织实施"的思路进行。

首先，成立学院"双证融通"工作领导小组和工作小组，确定试点班级并进行动员，充分说明"双证融通"试点的意义和操作步骤。其次，制订院校实施方案和专业人才培养方案，报市级"双证融通"专家小组审核，在通过后编制"双证融通"课程教学文件并报专家小组审核。接着，按照审核通过的各类方案，编写教材和辅助材料、制作多元课程资源，并根据考核项目开发题库、完善设备。随后组织"双证融通"课程教学，并按统一标准和规范组织理论知识考试和综合素养评价，由上海市职业技能鉴定中心组织操作技能考核。最后，根据实施效果和教学评价，修订试点方案并报专家小组审核，通过后继续下一轮的"双证融通"改革实施。

按照以上工作思路确定实施步骤。因为"双证融通"课程需分布编制课程教学文件，因此实施中存在各阶段时间重叠现象。

（1）准备阶段

成立"双证融通"组织机构，开展"双证融通"实施准备，做好动员和培训工作。

（2）方案制订阶段

制订院校"双证融通"改革试点实施方案，修改专业人才培养方案，经专家论证修改后编制拟开设"双证融通"课程的教学文件，报市级高职"双证融通"工作小组指定的专家小组审核。"双证融通"课程的教学文件审核拟分三次申报，审核通过的课程在随后的学期中试点实施。

（3）资源和设备完善阶段

编写教材、任务工单、教学案例等内容素材，制作课件、视频、动画、微课等资源形态。开发理论考试和操作考核题库，购买、订制或改造考核设备，为实施"双证融通"做好准备，为加快实施进度，可采取边完善边实施的方式进行。

（4）组织实施阶段

按照审核通过的课程标准、教学实施方案和考核方案组织"双证融通"课程教学，通过院校学生鉴定管理信息化平台组织鉴定申报，按要求组织理论知识考试和综合素养评价，并由上海市职业技能鉴定中心组织操作技能考核。

（5）方案修订和总结提高阶段

根据第一轮"双证融通"改革试点实施效果和开展的教学评价情况，修订专业人才培养方案和各门"双证融通"课程的教学文件，报专家小组审核通过后开展新一轮改革试点。然后，总结和提炼试点经验，形成对本市同类专业高职院校推广"双证融通"改革的完整方案和意见、建议。

（三）改革试点实施情况

《上海交通技术职业学院"双证融通"管理办法》，首先从2015级学生进行试点工作，采取从15级的2个物流管理专业平行班级中择优选取，确定为15双证物流班，全班共30人。

在2015年4月，上海交通职业技术学院"物流管理"专业进入首批高职"双证融通"试点单位。通过前期调研，对专业人才培养方案进行修订，进而完成"双证融通"核心课程的设计，包括编制课程标准、教学实施方案、考核方案等；按照方案的要求配备师资、开发实训和考核设备、选取（或编制）教材、编写理论与操作技能题库等。

2016 年 3 月完成改革试点方案、人才培养方案的专家评审，2016 年 5 月至同年 9 月通过"双证融通"课程方案的评审，完善了理论知识标准化题库和操作技能鉴定题库等。经过两年多的实施，截至目前，已完成 15 级和 16 级试点班级所有全部融通课程的教学和过程性考核，通过率 100%，且 15 级学生已经拿到"双证融通"物流服务师三级 / 高级证书，16 级学生的证书正在办理过程中。

（四）改革试点实施经验及建议

1. 主要经验

通过一年半的"双证融通"人才培养模式实践，从实施效果看，无疑是成功的。实施"双证融通"，将专业核心能力与职业岗位能力有机融合，使人才培养质量符合岗位要求，这是社会对高职教育的要求。从我们开展"双证融通"过程看，有做得比较好的一面，但更有值得改进与加强的方面，新的"双证融通"班已经启动，在实践中不断总结，以求在新一轮"双证融通"教学实践中进一步固化与提升"双证融通"教学成效是研究的重要目的之一。

"双证融通"的教学特色与创新主要体现在以下几个方面。

（1）校企联合双主体合作共建的双证融通班，在"双证融通"办学中，更多地引进了企业元素，并借助相关公司专业从事物流培训与认证的资历与教学资源，有利于提升学生的职业资格培训水平。

（2）在"双证融通"课程中，学院与企业共同开发先进虚拟的教学系统和影视课件投入课堂教学，在教学中充分调动学生各种感觉器官，激发学生学习兴趣，发展学生的动手，提高教学效果。

开展"双证融通"的目的就是使教学内容要贴合企业岗位，加强学生职业技能训练、提高学生的职业能力，这就要求校企合作应该深度融合和向纵深推进，将合作的触角延伸到课程领域。"双证融通"校企合作更不应该单纯是学校的知识、信息、人才与企业的技术、设备、资金的依存合作，还应楔入到更为核心的课程领域，从人才培养源头把握人才培养的关键与核心。这就更需要企业加入教材开发以及有关配套教学资源上来，要构建利益驱动的校企共建共享数字化教学资源运作机制，因为合作发展不是学校单方面的发展，应该是利益对等的共同发展，校企合作不仅仅是要完成学校育人的任务，同时也必须使企业实现利润最大化。校企合作开发融通教材以及配套教学资源建设必须从校方教学需求和企业方的培训需求出发，共同摸索出利益共享的课程和资源领域，只有这样，才能更有利于建立校企合作长效的合作机制。

（3）准确定位物流管理职业能力，改革传统的教学方式和考核方式，实行"教学模块化，理实一体化"的教学模式改革，真正实现"做中学、学中做"。

（4）构建校企"六融通"的合作育人机制。在"双证融通"实施过程中，校企双方应紧紧围绕"学校、学生、企业"三者需求，开展"六融通"合作，即：

①人才培养与企业需求相融通——开办订单班；

②专业教师与能工巧匠相融通——教师下企业实践、企业专家来校授课；

③素质教育与技能培养相融通——双证融通；

④教学内容与服务项目相融通——核心课程教材的编写；

⑤能力考核与技能鉴定相融通——创新学校、社会、企业三方评价模式；

⑥实训环境与企业文化相融通——共建校内、外实训基地。

努力构建校企"六融通"的合作育人机制，制定校企合作系列教学文件，实现双方在人力、智力、市场、资金等资源的优势互补，使企业成为学校培养学生和锻炼教师的平台，学校成为企业谋求可持续发展的智力库，形成"校、企、师、生"四方共赢的良好局面。

2. 相关建议

物流管理专业在开展"双证融通"改革试点过程中，遇到过很多制约因素，其中最重要的是实训场地、专项经费、实训人员等保障条件。

（1）理论和实操场地的规划。因为改革要求方案开发与设备开发同步，考核鉴定按程序化流程操作，所以操作技能考核需同时使用多个同类实训室，理论考试需有安装考试平台的专业机房，这就对一些空间和设备相对不足的高职院校提出挑战。

（2）加大设备资金的投入。物流管理"双证融通"四门核心课程，共有11个操作模块，每个模块至少需要8套设备（其中还包括软件），而原先课程实训中使用的设备并不能与考证需求相匹配，因此需要重新购置。但仅靠市教委的项目经还不足以支持，所以需要学校配套资金投入支持。

（3）激励机制的保障。"双证融通"四门核心课程，从人才培养方案、课程标准、课程考核方案到理论和实操技能考核题库都需要靠学校专业教师自行开发。既要考虑专业的综合性，又要考虑设备的可操作性，需要多方共同协作完成，其中的潜在工作量巨大，如果缺乏激励机制也会让专业教师的积极性受到影响。因此，试点院校加大投入是做好保障机制建设的关键一步。

第五章 职业教育人才培养的发展

教师作为教育主体之一，在教育中发挥着重要作用，教育体育与政策支持也是职业教育发展中不可或缺的因素。本章主要论述职业教育人才培养的发展，详细介绍了加强人才培养的教师队伍建设、加强人才培养的教育体制机制以及加强人才培养的政策支持。

第一节 加强人才培养的教师队伍建设

一、职业教育教师的素质结构

《国家中长期教育改革和发展规划纲要（2010-2020年）》提出："教育大计，教师为本。有好的教师，才有好的教育。……严格教师资质，提升教师素质，努力造就一支师德高尚、业务精湛、结构合理、充满活力的高素质专业化教师队伍。"这不仅为职业院校的师资队伍建设指明了方向也为其提供了可实行的依据。建立起一支具有高水平的师资队伍，可以建设更高水平的、更高质量的职业教育，全面推进素质教育。面对职业教育的不断改革与发展，对教师有了更高的要求，因而，为了适应时代的发展要求，需要对教育观念进行及时更新，打造一支高水平的、高素质的师资队伍。

职业教育是现代国民教育体系的重要组成部分之一，为实现国民终身教育，必须积极推进职业教育的发展，遵循教育的普遍规律。我国职业教育的主要任务不是培养专业技术人员，而是要培养大量的具有一定职业技能和综合素质的劳动者，所以其人才培养模式必须与社会经济发展相适应，以适应经济社会对人才的需要。职业教育应当以其独特的特质和个性为基础，因为它是一种具有显著特征的教育类型。《中华人民共和国职业教育法》规定："实施职业教育必须贯彻国家教育方针，对受教育者进行思想政治教育和职业道德教育，传授职业知识，培养职业技能，进行职业指导，全面提高受教育者的素质。"

（一）具备职业教学的能力

1. 知识

知识具体包含三个部分：一是学生知识，二是职业技术知识；三是学科知识。第一，学生知识。作为老师，需要对学生的各个方面进行了解，这是确定教学策略的基础；教师只有具备丰富的知识储备才能满足学生的学术需求，适应教学；教师应该在了解每一位学生的基础上，尽可能帮助每一位学生对自身的情况有深刻的认识，方便对未来的职业选择进行正确的选择，对专业发展作出合理的预想。第二，内容知识。所谓的内容知识也就是职业教育中的跨学科知识和技术性的知识。从事职业教育的老师一般都是各个领域的专家，他们应该发挥自身的才学为职业教育添砖加瓦。在教学的过程中，他们作为学术教师，应该明确教学目标，对知识进行整合和传授，以此来完成相应的教学任务，比如可以将其他学科的专业知识与本专业相整合。对此，教师应该具备新标准中规定的八个专业领域中的至少一个领域的知识，还需要具备跨学科的能力。

2. 多种能力

第一，应对多样性的能力。在各种因素影响下的学习环境的多样性和教育社区的多样性，有利于为学生提供更加宽泛的背景知识和有效提升学生的能力水平，具体因素包括学习风格、宗族、种族、性别、社会地位、年龄、文化背景等。作为职业教育的教师应该利用这种多样性不断开拓学生的学习机会和丰富学习内容。与此同时，教师自身的学识、观点、看法、实践经历等也会影响学生的学习环境。为此，教师应该不断强化自我认识，保证自身的行为、观点等不会对学生的学习产生消极的影响，更好地促进学生朝着多样性方向发展。

第二，创设学习环境，提高教学实践能力。首先，为了让学生对教学内容可以真正理解，教师可以在课上采用情景化教学，将学习的环境和工作的环境相互结合。其次，教师应该引导学生去承担一些学习的风险，前提是不会对学生的身体造成伤害。为了让学生敢于去尝试，教师可以采用主动的探究式学习模式，让学生成为学习的主人，成为学习的主动者。最后，职业教育的教师应该借助当前的科学技术来提升学生的学习，在学习环境中引入新兴技术。

第三，评价的能力。首先，为了保证职业教育课程目标的实现，作为教师应该将学术教学与实践经验相结合，理论联系实际，建立起高质量的、高效的评价。其次，为了让尽可能多的学生在学习环境中有锻炼自己的机会，教师需要不断改进评价方式，在评价之后将数据反馈给学生，让学生可以明确自身的优缺点，老师也应该在反馈的基础上与学生讨论分析如果提高学生的综合能力和水平。在教学中评价具有非常重要的作用，作为教师应该重视，评价是教师改进和完善自身教学方式的重要参考。

第四，程序设计和程序管理的能力。作为职业教育的教师应该运用丰富的教育教学资源使自己的教学内容变得丰富，同时可以设计和推广符合学生阶段和行业需求的高质量的课程。基于此，教师应该具备程序管理的能力和程序设计能力，教师应该参与程序的设计和程序的开发，为学生营造优质的学习环境，培养成出优秀的职业技术人才。

（二）具备教学的基本功

职业院校的教师应该具备育德能力，所谓的育德能力指的是在实际的教学过程中，教师对学生所进行的价值的塑造能力，例如，在实际的教学中培养学生为人处事的能力，培养学生的职业道德，提升学生的职业素养。职业院校的教师应该具备专业能力，所谓的专业能力指的是教师对于专业指导是熟练掌握的，有着熟练的专业技能，在专业领域有着出色的能力，并且具备将这些知识传授给学生的能力。对于职业院校的教师来说，育德能力和专业能力都是必备的能力，这是教师教学能力中最为基本的要求。

在日常的实践教学中，职业院校的教师应该苦练包含教学设计能力、教学组织能力、教学实施能力、课堂教学能力等在内的教学基本功。

1. 教学设计能力是先决条件

教师在进行教学之前都应该进行一定的学情分析，以此为基础来进行授课内容的选择和明确，明确教学的目标，并根据教学的目标设计教学的课前、课堂、课后等各个环节的教学内容，要实现以上要求就需要教师具备教学设计的能力和水平，在课前就设计好教学的方案。

2. 教学组织能力与教学实施能力是根本保障

一般来说，职业院校的大部分专业的学生人数在 20 人以上，这就需要教师不管是在课前还是课后都对学生做好管理的工作。在课前，组织和引导学生完成课前的任务，对班级成员进行分组，推进课程的实施。教师需要在教学的过程中实施教师设计方案中的设计内容，比如，课前的引入、课堂的提问、课后的交流等。为了保证教学的顺利实施，需要教师具备一定的教学组织和实施的管理能力，只有这样才能将教学设计落实到实际的教学中。

3. 课堂教学能力是必备因素

高职院校育人育才的主要场地就是课堂教学，课堂与课前和课后相比是处于核心地位的。教师在具备了教学组织、设计、实施能力之后，就需要具备对各项内容进行综合教学的能力。当前的课堂教学的形式有线上教学，也有线下教学。在整个的教学过程中，要想得到想要的教学效果就需要教师在教态、教学语言等方面具有自身的教学特色。

（三）具备专业领导力

第一是伙伴关系和合作。作为职业院校的教师，首先需要与学生的家庭成员进行合作，帮助学生明确未来的职业发展的方向。其次，教师可以与其他的民间团体建立联系，与商业伙伴建立联系，为学生提供更前沿、更专业的信息资讯和专业领域的资源和就业机会。最后，教师引导学生进行实践，将职业教育项目在社区进行推广，为学生提供更多的实践机会和实践的经验。

第二是行业领导力。教师不仅仅是职业教育的拥护者还是职业驾驭的贡献者和倡导者。教师应该为学生提供尽可能多的教学资源，建构起积极的商业伙伴关系，作为有一定经验的教师还应该积极承担起老带新的责任，同时为了给学生提供好更多的学习机会可以更好地整合学习资源、教学资源。

（四）具有较强的观察力

随着市场经济的不断发展，经济全球化的趋势不断加强，信息化的速度不断加快，在这样复杂的社会环境下，职业院校的学生处于一个非常复杂的、非常开放的环境中。在这样的环境下，学生受到不同群体的价值观、利益观、思想观念的影响，加之大众传媒的发展，学生会受到不同程度的影响。这个年龄段的学生的情绪控制能力较差，在感情上非常容易受到挫折和打击。职业教育的教师应该对学生的心理变化进行及时掌握，对学生的心理状况有一个明确的把握，并且多与学生进行沟通，了解他们内在的想法，观察学生的生活变化和心理变化，关心学生的学习和成长，教师既要成为学生的人生导师也要成为学生的朋友，营造良好的师生关系，促进学生的健康成长。

（五）具备反思性思维

第一，分析的能力。在对教学课程进行设计的时候，应该分析一下对于课堂活动的影响因素，以不同学生的知识基础为考虑依据，进行课程的设计。与此同时，在教学过程中，教师还应该及时了解学生对于知识的掌握程度，以此为依据调整教学策略。教师也应在教学活动完成之后对学习环境的发展动态进行分析和考察，不断根据实际情况调整激励学生进步和学习的方法。

第二，追求专业化成长。教师应该及时观察，并且进行思考，再与学生、家长、同事等进行交流，寻求他们的反馈，根据反馈来获得自身专业化的成长。

第三，追求终身学习。教师应该是一位终身学习者，教师应该对整个的学习过程有明确的认知，在不断反思之中，满足学生的教育教学的需求。教师应该与学生一起成长进步，不断反思自身的教学，不断丰富自身的知识体系，实现终身学习的目的。

（六）具有立德树人的教育情怀

职业教育面向的对象非常广泛，也非常复杂，不仅有中职毕业生、应届高中毕业生，还有退伍军人、企业在职职工、农民工等。在所面向的教育对象中，部分的中职毕业生、高中毕业生没有很强的自觉性，没有认识到知识在整个学习和生活中的重要性，对于学习没有热情和兴趣；相对来说，社会人员在经历过社会实践之后，对于知识的重要性有着深刻的认识，因此，有着很强的学习目的和学习积极性，但是他们在学习能力、年龄、工作经历等方面有着巨大的差异。基于以上原因，职业教育教学的难度非常大，作为教师应该坚守职业精神和职业道德，本着专业的工匠精神教书育人，在教育教学的过程中应该保持细心、责任心、耐心，加强自身的理想信念。

二、职业教育师资队伍建设的目标

针对当前职业教师的问题和现状，为了保证之后职业教育的高质量发展，稳定师资队伍的建设趋势，教育部提出了高职院校师资队伍建设的目标，主要体现在《关于加强高职（高专）院校师资队伍建设的意见》中，具体如下：各类高职院校培养人才的要求应该是培养高素质的实用性人才，要与社会主义市场经济的发展相适应，对于当前师资队伍的整体素质提高的重要性有深刻的认识，要加大师资队伍建设的力度，建设一支具有高水平的、师德高尚、改革意识强、教育观念新、实践能力强的教师队伍。

（一）建设一支师德高尚的教师队伍

教师是人类灵魂的工程师，应有良好的道德水准和健康的价值观。高尚的师德源自两个方面：

首先，具有较高的思想政治素质。一个人的政治观点、思想观念、政治态度、道德品质、理论素养等基本的政治品质的总称就是思想政治素质。作为教师，思想政治素质主要体现在具有正确的价值观、世界观、人生观，有着远大的理想信念，团结合作，爱岗敬业，具有教学积极性和改革积极性。第一，作为职业教育的主体应该用马列主义、毛泽东思想、邓小平理论、"三个代表"及习近平新时代中国特色社会主义重要思想武装头脑，对于我国的国情有清晰和准确的认识，可以用辩证唯物主义的观点去看待问题，同时要树立起正确的教育观，树立起终身学习的观念，真正推动素质教育的实施。第二，作为教师应该清醒地认识到自己身上的使命，不仅担负着教书育人的责任还肩负着提高全民族素质，担负着为国家培养技术型人才的重要责任和使命。第三，教师应该对当前我国经济的发展中职业教育的重要性有深刻的认识，对职业教育在当前面临的现状和问题有明确的认识，在职业教育中，每一位教师都应该尽心尽责，为教育事业的发展贡献自己的力量，不断推动我国现代化建设。教师只有具备较高的思想政治素养才能引导学生树立起正确的世界观、人生观、价值观，引导学生正确认识学习和工作，使学生的人生朝着健康积极的方向不断发展，将他们培养成具有专业理论知识和实践能力的人才。

其次，具有较高的职业道德素养。这主要包含教师的职业责任感、教师的工作积极性、教师的工作态度以及教师的职业责任感等。教师的职业道德与学生的道德水平相挂钩，也影响着社会精神文明和道德建设。对此，应该不断提高教师的职业道德，这是社会精神文明建设和道德建设的必要保证，也是培养社会主义接班人的需求，同时还是教师群体加强自身建设的需要。对于职业教育的教师来说，职业道德素质的要求具体如下。

第一，有敬业奉献的精神，热爱职业教育。在我国，职业教育是科教兴国战略中的重要组成部分，教师对于这一点应该有深刻的认识和认同。职业教育是我国建设社会主义强国的重要手段之一。作为教书育人的主体，教师应该热爱教育事业，热爱自己的工作，将自身献身于建设伟大的教育事业之中，保持热爱与激情，认真完成教育教学工作。教师的言行对于学生来说就是一种言传身教，是一种无形的教育。一位教师对于教育事业的热爱还体现在热爱学生上，只有爱学生，还能由自内心地爱工作，才能出色地完成教育教学任务。如果一位教师不爱学生，就没有办法教好学生，就没有办法热爱岗位，也就无法拥有良好的职业道德。

第二，为人师表，教书育人。建设师资队伍的基石是师德。高素质的教师不仅具有渊博的专业知识，还具有高尚的师德。在高职教育中，教师是学生的引路人和指导者，教师的一言一行都会影响学生，学生会模仿老师的言行，教师对学生有着潜移默化的作用，甚至有时候老师的言行会对学生的一生留下难以忘怀的印象。

教师职业道德中最为重要的特征就是为人师表。育人是教书的目的，也是师表的作用。作为教师，主要的劳动特征就是示范性，这就要求教师不仅在思想品德上是学生的榜样，同时在作风上也是学生的表率。作为一名优秀的教师，不仅需要用自己的所学传授给学生知识还需要教给学生做人。教师美好的德行和高尚的品质对于学生来说有着重要的表率作用，只有道德水平高、品行端正的老师才能对学生产生实质性的影响，在潜移默化之中，学生养成了良好的道德品质，得到了健康成长。作为教师，言传身教可以使其成为学生在思想道德、文化学识、政治方向等方面的榜样。

（二）建设一支业务水平较高的教师队伍

职业教育教师合理的知识结构，是形成教育能力、科研能力和实践能力的基础。目前职业教育教师应具备的业务素质主要包括以下几个部分。

1. 深厚的基础理论和较宽的专业知识

具有深厚理论基础的教师有着很强的适应能力，对于在实际教学中、科研中出现的问题教师可以及时解决，可以在实践中不断提高自身的能力和水平。随着社会的发展和信息化的快速发展，社会中的知识总量在不断增加，这就导致出现了不断缩短的知识更新周期。但是对于基础理论知识来说，这个周期是相对稳定的，甚至是长久不变的，因为，对于教师的工作的影响也不是短期性的。只有具有渊博专业知识和深厚理论基础的老师才会有巨大的创新能力，只有这样的教师才能在学术思想上不断开拓创新，从量变到质变，实现飞跃。

2. 相关学科的基本知识

职业教育的教师不仅应该具备深厚的专业理论知识，同时还应该具备较为宽广的知识面，这就要求教师不仅应该具备本专业的相关知识，还应该具备其他学科和专业相关知识与理论。随着信息技术的不断发展，社会呈现出信息化的发展趋势，在知识方面呈现出群体化、知识与技术密集化趋势，同时，在这个阶段，各个学科领域呈现出明显的交叉性、关联性、综合性的特点，随着技术的进步和社会的发展呈现出越来越多的新学科。面对新的学科，也对教师产生了新的要求。一般来说，社会需要什么专业的人才，学校就开设什么专业的课程，培养相关专业的人才，这就需要教师对相关学科的专业基础知识有所掌握。

因此，职业教育教师应具备的知识，不仅要专而且要博和新。教师的知识渊博才能使教学内容丰富多彩，讲课生动活泼，才能融会贯通，举一反三，为学生参加工作后扩展专业打下基础。

3. 必要的教育科学理论知识

作为职业教育的教师应该具备与教育学相关的理论知识，需要掌握教学、心理学的相关基础知识，对职业教育的基本规律和基本特征进行熟悉和掌握。

作为职业教育的教师不仅需要掌握合理的知识结构还需要具备可以胜任教学工作的能力和水平。胜任教学工作应该具备以下六个能力：一是实践能力，二是组织能力，三是适应能力，四是创新能力，五是科研能力，六是运用现代教学手段能力及外文应用能力。从整体上来说，作为职业教育的教师应该可以灵活运用自身的知识体系和技能对学生进行教育教学工作，不断开展科研活动，同时，在实践教学活动中，教师也应该及时地更新自己的知识体系和调整自己的知识结构，以此为基础才能适应职业教育教学的发展，满足科研的需要。

（1）实践能力要求。通过教育教学活动来培养学生解决问题的能力，这是教师实践教学的核心。职业教育的主要的人才培养目标是培养在生产领域、建设领域、管理领域、服务领域第一线的高等技术型的应用型人才。首先在教学环节上，职业教育就需要重视实践性的教学环节，不断提高学生的实践能力；从办学模式的角度来说，职业教育强调的是产学研合作教育。为了可以更好地培养学生的实践教学能力，就需要教师不断根据市场的变化和发展，在教育教学中对社会中实际出现的问题进行探讨和解决，将理论与实践相结合，这就需要职业教师具备很高的实践能力和水平。

（2）组织能力要求。作为教师应该具备一定的、最为基本的教学组织能力，面对职业教育的生源较为复杂的情况，更需要教师有较强的组织能力和水平。为了保证教学任务的顺利完成，保证教学效果的顺利实现，职业教师应该具备较强的组织管理能力。加之，职业教育有着很强的实践性，这就需要教师具备组织能力。对于实践性课程的开展，教师应该按照学生的特点、性格、体能、智能等方面进行小组的划分，只有这样才能更有效地进行实践教学活动。教师应该以学生特点为参考依据，在进行情境教学的时候应该安排适合学生性格特点的角色，将教学内容贯穿在整个的教学之中，引导学生不断彰显个性，调动学生学习的热情和学习的积极性。

（3）科研能力要求。作为专业的教师，应该具备一定的科研能力，对于本学科的前沿资讯和发展概况，作为教师都应该及时了解和掌握，对于现实中遇到的问题和难题也应该及时运用学科知识去解决，将最新的理论成果和前沿资讯传授给学生，紧跟时代和学科发展的步伐，为社会服务。职业教师在科研中一方面可以对自身的知识体系进行不断地丰富和发展，另一方面还能在不断学习中提高自身的学术水平，不断丰富教学的内容，提高学生的水平。在教学实践中，教师的科研思想和科研方法因为新课题的提出不断激发起学生学习和创新的欲望，有利于培养学生的创新精神和创造性的思维。科研活动与教学不断更新的内容之间是相互依存的关系，是互为条件的存在。教师提高教学质量、提高学术水平的重要保证就是科研能力，教师所具有的科研能力也是对学生进行教育的先决条件。

（4）创新能力要求。针对当前面临的很多变化，职业教育应该紧跟时代发展的步伐，培养学生的创新意识和创新能力。为了实现这一教育教学目标就需要教师具有创新意识和创新能力。此外，在我国职业教育起步较晚，在专业设置、教材建设、课程设置以及建设实训基地等方面没有进行深入研究，这使得职业教育的发展受限。不仅如此，在我国，职业教育特别强调能力本位思想，当前面临的一个重要的问题就是在职业教育中突出学生的主体地位，让素质教育贯穿在职业教育的始终，培养学生的创造性思维，帮助学生掌握学习方法，引导学生终身学习。要想解决以上这些问题，职业教育中的教师应该具备创新能力和创新意识，这是重要的基础和前提。

（5）适应能力要求。教师需要不断调整自身的知识结构和能力结构，以此来适应职业教育的发展和经济社会的发展，老师的适应能力是教师综合素质的重要表现。

第一，随着专业结构的改革，教师要能够适应改革。随着现代科学技术的不断发展和完善，产生了很多的综合性学科、横向学科、边缘学科，这些学科的产生会深刻影响着社会的产业结构。在之后的经济发展中，新兴产业群是重要经济支柱，新兴产业群的基础是新技术群。职业教育主要是培养社会所需要的人才，职业院校会根据社会的需求以及行业所需，开设相应的课程和专业，当学科发生变化的时候，教师所具备的深厚的理论知识和专业基础知识就会帮助教师更快转入相关的学科和新的学科领域。

第二，教师应该不断更新教育思想，改革教学方式。随着社会生产力的不断提高和科学技术的不断发展，在教育领域出现了变革，对教学思想、教学方法、教学内容等进行改革与创新。在当前，教育改革的突出特征为：从教育思想的角度来说，由传统的培养专门的人才向培养全方面人才、复合型人才的转变，强调学生的健康、全面发展，侧重文化、道德等方面的培养；从教育内容和教学方法的角度来说，由之前的传授知识转为强调知识、素质、能力三者的协调发展，非常注重学生的创新能力。职业院校的教师应该紧跟时代发展的潮流，不断更新自身的教育观念和思想，推动改革朝着更加深入的方向发展。

（6）灵活运用现代教学手段的能力及外语能力。作为当代的职业院校的教师，应该掌握现代教学手段，将其灵活运用到实际教学之中。运用计算机是众多现代教学手段中最普遍的。随着信息技术的不断发展，电脑有着越来越多的功能和作用，有着越来越广阔的应用领域。在人类的生产生活中，电脑有着越来越重要的作用，是必不可少的工具。尽管国际互联网的推广时间并不长，但是却有很多的用户，面对眼花缭乱的信息和各种资源，面对不断便捷的交流沟通方式，面对全球性的贸易机会，很多人被吸引。面对当前信息技术的发展，普通人的迫切需求就是学会上网，学会使用电脑。教师更是如此，教师应该熟练掌握计算机技术，具备有较强的应用能力，只有这样才能推动教育的现代化建设。

首先，将计算机带入到课堂的教学之中，教师可以在实际教学中经常使用多媒体软件，利用多媒体的声音、影像等让学生全面感知信息，提高学习的兴趣，提高学习的积极性。其次，开发和应用适合本专业实际情况的计算机软件，改善教学效果，增加课堂信息量。三是课程设计和毕业设计环节中应用 CAD（计算机辅助设计），使学生绘图时甩掉图板，掌握现代科技手段。

熟练运用外语的能力也是职业教育教师必须具备的能力之一。在信息技术日益发展的今天，熟练掌握一门外语有助于职业教育教师及时了解和掌握外部信息并将这些信息应用于教学和科研工作之中。另外，掌握一门外文便于职业教育教师了解发达国家和地区职业教育现状及经验，有助于用其指导职业教育教学。

（三）建设一支结构合理的教师队伍

在当前，社会结构、经济结构、技术结构、产业结构、职业教育结构都发生着变化，这就要求职业教育的师资队伍结构也需要进行优化和升级，只有这样才能不断适应教育改革的深入和发展，满足当前教育对师资的要求，实现职业教育的教育教学目标。以此为依据，随着社会的不断发展和经济的不断变化，职业教育的师资队伍的构成要素不是一成不变的，是随着社会经济的不断发展变化而不断变化和发展的。要不断优化职业教育的师资结构，制定可以操作的、符合实际需求的、科学性的、前瞻性的师资结构优化的发展目标，使其符合经济和社会的发展要求，同时不断完善职业教育师资队伍建设。

三、职业教育师资队伍创新策略

（一）制定教师培训政策，完善培训经费相关制度

不断完善职业教育师资队伍的培训机制和培训方式，以提升其专业素养和技

能水平。首先，为在职教师提供专业培训，有助于提升其专业素养和技能水平；其次，我们可以建立一套完善的教师培训和进修机制，以确保其规范性和系统性，推进教师队伍向专业化方向不断迈进，是其所能发挥的重要作用。因此，为了促进职前教师职业教育工作的顺利进行，需要有针对性地开展针对在职教师的培训活动。在我国，职业教育中的教师培训活动由教育部门进行整体策划和实施，而在职教师和培训基地则处于被动执行的状态。职业教育机构可以对相关的培训政策进行具体的细分和细化，以便更好地满足教师的个性化需求：一是可以对培训的具体措施和硬性要求进行制定；二是与社会上的相关企业和公司建立合作关系，为教师提供实践基地，定期去对应的培训基地参观学习；三是定期为教师提供外出培训的时间，根据老师的实际需求，开展培训项目；四是建立起多元的培训资金筹措机制，对培训的经费进行合理的分配，对培训的专项资金进行分配和管理，将培训资金真正落到实处，为教师服务。对于培训资金问题，可以从以下几个方面入手：一是以职业教育学院自身的情况和发展规划为依据，制定合理的师资培训计划，对培训成本进行管控，为了保证资金投入的收益最大化，需要对培训资金进行有针对性的、分阶段的投入；二是职业教育院校可建立起培训经费共担机制，规定培训活动的受益方应根据其所获得的利益大小支付相应的培训经费，并将这些经费用于支持师资培训的关键领域；三是培训费用的一部分由老师来承担，老师在承担培训费用的过程中，不仅能够激发他们的积极性和参与性，同时也能够提高他们的成本意识，避免出现教师不计培训成本，不重视培训的情况，进一步催生教师的内在驱动力，这对于职业院校解决培训资金是非常好的一种方式。

（二）健全管理机制，创新教师培训管理方式

培养职业教育教师，应该建立起完善的、一体化的培训、考核管理机制，促进教师的发展，让教师在培训中掌握相关的实践技能，并切实运用到实践教学之中。在对教师开展培训之前，职业院校应该与参与教师培养的合作单位，比如高等院校单位等共同对教师的培养计划进行制定和完善，评估相应的教学内容，检查相应的培养环境，为职业教师的培养制定有针对性的培养规划和方案。在对教师开展培训的过程中，应该制定具有规范性、科学性、合理性的培训管理制度和监督制度，对各方面的分工进行明确，学校应该与合作单位共同协商，按照相应的制度对培训的教师进行管理、指导和监督，在培训的过程中找到教师的问题，并给予解决和纠正，监督教师完成高质量的培训。在培训工作结束之后，以学校和合作单位为主体，根据在培训期间教师的表现情况，对教师的培训成果进行综合的考量与评价。培训结束时候的考核可以体现出培训的效果，除此之外，培训效果还体现在日常的教学中，教师将在培训中学到的技能运用到具体的教学实践工作中。针对这样的情况，职业院校应该将培训考核期进行适当的延长，加强对教师培训的监督和评价反馈，在教师在面临实际教学的问题和困难时，职业院校应该及时给予帮助，解决教师面临的各种问题，引导教师转变为应用型、创新型教师，让教师在实际的教学实践中发挥培训的实际作用。

（三）以系统培养为路径，拓展师资发展渠道

第一，对师德师风建设长效机制进行完善。以"四有"标准为指导，坚定信念，将课程思政意识贯穿于教师队伍建设的全过程，引导教师全身心地致力于德育教育。将思想政治教育与专业教学融合起来，提升学生的综合素质。推行师德师风负面清单制度和实行师德师风考核"一票否决"，以确保师德师风行为的规范化和制度化。

第二，对教师实施分层、分类的培养。启动青年教师培育工程，为新入职的教师提供目标和任务导向的培训机会，使其能够深入到合作企业中，在真实的工作环境和岗位中进行实践锻炼，从而提高其实际操作能力。同时要注重对青年教师的管理。采用"以老带新"的方式，开展一系列活动，如听课互评、课程建设、指导竞赛、课题研究、技术服务等，为青年教师提供更多成长的机会。选拔杰出的年轻教师参加教师职业能力竞赛和创新创业竞赛，以指导学生的职业技能竞赛。此外，他们还可以与行业企业合作组成团队，参加比赛，以提高自身的教学水平、知识理论水平、业务能力和专业技能。职业院校还可以建立名师工作室，聘请优秀教师来担任学科带头人或技术骨干，培养一批具有较高学术造诣的专家型教师。此外，实施骨干教师托举计划，以激励和引导骨干教师在企业中进行轮岗实践，积极参与企业技术攻关和相关校企合作项目的共建，同时选拔优秀教师前往海外进行交流和深造。这样既有利于促进学校师资队伍建设，又能增强高职院校对社会服务功能，为培养高素质技能型人才提供强有力的保障。当然，职业院校也可以实施专业带头人扶优计划，选派专业带头人前往高等院校或知名企业进行定期的深度学习，以全面提升教师能力素质。

第三，培育高水平结构化教师教学创新团队。鼓励职业院校的教师在不同学科、不同层级的组合中申报教学创新团队，通过优化师资结构和合理配置资源，形成"双元结构教师小组"，该团队可以协同开展技术攻关、教育教学和科研创新活动，为教学、科研和培训等提供强有力的支持，发挥其辐射和带动作用。

（四）构建校内外相结合的培养平台

在构建创新的师资队伍建设模式时，我们需要从体制和机制两个方面入手，以建立一个集校内外教师培养为一体的平台。同时加强对青年教师的引导、帮助，营造鼓励青年教师队伍成长成才的环境，促进高校创新型人才的健康成长。以融合教育与职业、学校与企业、实践与研发等多方面的元素为核心，全面拓展各类交流与合作的领域。

第一，加强校内平台的建设，引进最先进的设备，例如加强实训室、各类重点实验室、模拟操作室等设施的建设，以便及时与一线企业进行交流，从而为师生提供更加优越的物质条件。

第二，对教师开展相应的培训，引导和帮助教师对各个平台和设备进行正确使用，对于教师自身能力不足而产生的实训室、实验室闲置的现象进行规避，实现资源高效利用。

第三，对于教师利用各个平台开展科研活动和应用型项目的申请研究工作应该积极鼓励，让教师在实践中锻炼实际操作能力，提高专业技能。

第四，职业院校应该在校外建立校企合作平台和校际交流平台。与同类高校展开交流与合作，分享卓越的经验和方法，相互借鉴，以提升职业教师培养效率，同时也可以为学校提供师资力量保障。通过与当地企业展开合作，促进教师在校企合作中获得实践经验和专业技能的提升。为了提升教师的实践能力和技术水平，我们可以选拔一些优秀的教师前往企事业单位进行合作研发、专业学习、挂职进修等活动。

（五）以政策支持为保障，激发教师活力

师资建设首要之务在于奠定坚实的基础，构建并加强至关重要的制度。为了确保学校章程的有效实施，我们需要不断完善师资建设委员会的合作与协商机制，以促进企业与学校之间的交流与合作，并充分发挥该委员会在协商、咨询、监督和培养方面的作用。确立完善的青年教师培养和培育机制，实施双带头人制度，同时建立学校骨干教师的培育体系，探索教师的分类管理制度、教师的职称评聘制度，对于教师关注的年度考核要认真实施，认真落实聘期的考核制度。除此之外，还应该对专业技术发展的前沿动态进行把握，开展行业人才需求的调研，对课程标准和人才培养方式进行调整，完善技能和题库竞赛标准、技能抽查标准，为人才培养质量的提高不断努力和优化。职业教育机构应不断完善社会服务制度，以项目为纽带，以任务目标为导向，核心在于资源共享和合理确权，教师团队可以以协作的方式参与企业技术研发，为企业行业提供专业咨询服务。

其次，不断激发起教师的活力，建立和完善自主的、多元的、协调的治理机制。对于校企互动机制也应该积极改进和优化，实行管理权与所有权相分离的管理制度，对校企之间的权责进行明确，寻求利益的平衡点，对于利益的分配应该更加平衡和公平，与企业相互配合，为企业争取"金融＋财政＋土地＋信用"等各项组合式激励优惠政策，在合作中形成校企命运共同体，还应该建立一些机制和政策，鼓励企业和行业参与教师的培训之中，担负起一定的责任。与此同时，建立起多元的经费投入保障机制，积极争取行业企业资金与设备支持、财政政策和资金支持，鼓励教师多渠道申请项目经费、科研课题经费等。

（六）建立健全激励评价机制，提升教师专业发展的内在动力

加快改革薪酬分配机制，构建院校内部分配机制，体现薪酬激励，完善教师评价机制，研究绩效考核和奖励分配的主要依据，如师德、精湛技艺、学生工作、教育教学成果，充分发挥薪酬和绩效工资在竞争方面、激励方面、引导方面的积极作用，这是新时期职业院校发展的重要保障，有利于构建现代职业教育体系。职业院校的教师收入分配制度，需要与职业院校的特色相符合，与实际情况相吻合，建立以知识、能力、贡献等为基础的薪酬体系，这也是改革和完善教师评价方法，是实施教师评价方案，引导教师专业发展，引导教师致力于教书育人的重

要保证。此外，职业院校还应该制定激励性政策，在政策上对"双师型"教师给予倾斜，对于收入分配的导向和激励作用要积极发挥，帮助更多的教师朝着"双师型"发展，鼓励教师积极投身于教育教学的一线，立德树人，积极培养学生，上好每一节课，不断激励和增加教师自我成长的内在动力。

（七）构建专业化的职业教育教师教育发展之路

我国的职业教育教师领域随着社会主义市场经济的完善、社会的和谐发展以及职业教育的改革，也面临着重要的变革和发展。针对未来职业教育教师的未来发展虽然我们不能进行明确，不能给出让所有人都信服地回答，但是我们可以明确的是这是一个不间断的变革与发展历程。尽管我们已经明确认识到，未来不可能是一个确定的未来，但是未来的形象却会对人类当前的行为方式产生深远的影响。因此，职业教育作为一种社会现象，必然要受到这一趋势的影响。当前，对于职业教育教师未来的职业发展方向和路径，以及如何进行选择，是一个需要深入研究和探讨的议题。

在当前我国教师教育改革的进程中，主要采用四种模式，其中之一是改制模式，即逐步从师范大学的行列中退出，脱离教师教育体制，向综合大学转型，这种模式具有较大优势和较强活力，但也存在一些弊端。其次，我们可以探索改革模式，将教师教育与学科教育分离开来，借鉴发达国家的综合大学，设立专门的教育学院，以培养教师为目标。第三种模式是一种改良方式，它在继承的基础上不断发展，同时在发展的过程中不断创新。第四是传统范式，所谓传统范式主要指的是以教学为主的师范大学范式。每一种发展模式，都是在特定的历史时期、在特定的层次和类别上做出的一项决策。从一定意义上讲，模式选择具有阶段性特征。当前，我国的职业教育教师正处于一个重要的十字路口，需要进行发展思路的分化、认知方式的重建以及实践框架的重构，以推动教育改革的进程。

1. 专业化取向对职业教育教师教育的要求

教师作为学校中重要的组成部分，其专业化程度直接影响着学生知识与能力水平以及综合素质的形成。在全球教育发展的历程中，确立教师资格证的制度是实现教师教育专业化的关键所在，应不断完善教师教育的专业培训，以确保其规范化和高效化，不断强化教育学习；最终目的在于提升教师的教育教学素养和学科专业研究能力，以促进其全面发展。自改革开放以来，我国教师的教育方向一直致力于专业化,然而在推进过程中,进展缓慢,力度亦未达到足够的强度。随着知识经济的兴起,教育在当今社会和经济中的地位和作用日益凸显,其基础性和先导性的特点使教师的教育问题备受关注。

鉴于职业教师的师资特质,单纯地采用普通教师的培养模式并不能满足其培养需求,必须培养出具备双重师范素养的教师,并不断探索创新的培养方式。目前我国的职教师资队伍建设中存在着许多问题,而解决这些问题的关键就是要加快构建职业教育的教师队伍,以促进职业教育发展。职业教育中,专业化的教师教育是指为满足其独特的教育培养目标,建立专门的教师培训机构,提供专业的教育内容和措施,制定专业管理和培训制度,由专业的教师教育培训者进行系统、科学的培训活动,以提高职业教育教师的素质和能力。

随着现代社会的发展,职业教育教师教育的专业化已成为必然趋势,因此需要对传统的培养模式和方式进行调整和变革,从单纯注重专业知识的培养转向注重教师专业技能、专业精神、专业价值和专业态度的培养,以培养综合型的教师队伍为主要目标。因此,在我国当前的背景下,研究职业教育教师教育问题具有重要意义。具体而言,职业教育教师的教育专业化涵盖了两个方面:一是在教学领域实现专业化,二是在教师培训和培养方面实现专业化。在这两方面当中,以提高教师的职业技能为核心的"职前"训练具有重要意义。为了促进职业教育教师的专业成长,必须实施职业教育教师专业化的措施。为确保职业教育教师教育改革的顺利和健康发展,必须全面关注以下问题:教师教育体系的定位问题、职业教育教师资格认证问题、教师教育的开放化和市场规则相关问题、教师教育的分阶段培养问题以及大学与职业院校伙伴关系的问题。

第一,职业教育教师教育的专业化需要建立起以人为本的教师教育理论,对于老师切实关注的实际情况和问题进行解决,从教师自身的需求和实际出发,关注教师的情感世界,在尊重教师意愿的前提下,保证教师在专业兴趣、学习意愿、发展方向上得到满足,建立起健全的、完善的职业教育教师教育的评价和反馈体系,营造积极、健康的职业教育师资队伍的发展环境。

第二,专业化的取向要求提高职业教育教师队伍的提升质量和水平。研究国内外的教师教育的发展规律,我们可以看到,如果教师的教育出现了质量和数量的问题时,一般优先解决教师的数量问题,促进教师教育的发展;在教师教育有了较大的规模的时候，就需要将提高教师质量作为教师教育的发展策略。在当前，我国由之前注重教师数量到注重教师质量，但是这并非说我国的职业教育师资的数量已经饱和，这只是意味着，在这两个矛盾中，质量问题是当前社会职业教育师资的主要矛盾。

第三，加快"双师型"职业教育教师队伍建设是专业化取向要求之一。为了实现这个要求，就需要加强实训基地的建设，职业院校应该出台一些政策和措施，鼓励老师深入到生产一线，在实践中锻炼自身的动手能力和创新能力，让教师成长为职业院校的中流砥柱。与此同时，职业院校还可以邀请和聘请行业以及企业中的优秀骨干和技术人员在职业院校进行授课，基于此建立起具有较高水平的、高素质的、稳定的"双师型"兼职教师队伍。

第四，对职业教育教师教育课程建设进行改革也是专业化取向的要求。专业人才培养必然会受到职业教育教师教育的新发展的冲击和影响，教师教育的新发展也会引领职业院校的课程建设，为课程建设指明方向。未来的发展趋势基本上为：不断深化专业课程，对基础课程进行优化，对教育课程进行强化，课程结构更加综合化，培养一批专业性强、综合素质高的创新型和复合型的人才。

第五，优化职业教育教师继续教育是专业化取向的要求。职业教育应该鼓励职业教育教师进行再教育，为其提供实践基地，用教学实践经验作为教育的资源，促进职业教育教师的再教育。职业教育教师的再教育不仅促进教师个人的成长和发展，还能为职业院校的发展提供智力方面、理论方面、技术方面的支持。

2. 职业教育教师教育专业化的建构策略

如何建立一个专业化的职业教育教师教育，主要需要考虑和研究以下几个问题：一是符合社会的发展需求，与经济的发展相适应，具有前瞻性，人才培养的模式和人才培养的课程机构可以根据未来的发展变化进行适时调整和改革，保证职业教育教师教育是一个动态的发展过程；二是需要与教师自身的发展目标和发展规律相适应，从职业教育教师发展规律来看，不管是职业技术师范教育还是非师范专业的扩展都是一种取向；三是与市场经济的发展规律和当前社会的需要相符合，培养社会所需要的人才；四是对自身的特色优势进行发扬，职业教育教师教育应在继承中发展，在发展中创新，不断强化职业技术师范教育的优势和特长。

（1）完善一体化的职业教育教师教育体系

终身教育思想与教师职业发展理论是教师教育一体化理论的来源。教师教育的发展受到终身教育思想的影响较大，在终身教育理念获得认可之后，之前的职业教育的观念不再受到追捧，反而被批评。正常来说，在有限的时间内，师范院校不可能将一般教师一生所需要的方法、知识、技能教授给师范生，在这个阶段的学习中，主要让师范生为之后的工作和再教育奠定基础。在终身教育理念的影响下，教师的教育不仅包含职前教育还应该包含职后教育，教师的教育应该是系统化的、一体化的教育，如果一个教师的教育仅仅依靠职前教育是不够的，因此，在当前的教师教育中，出现了将职前教育与职后教育相统一的潮流和趋势。

在职业教师的发展理论中，教师的职业发展是一个终身的过程，之前的"一朝受教，终身受用"情况不复存在。纵观全球教育领域，基本上认为职前培训对于教师的教学和成长来说是有限的，这只是教师专业发展的起步阶段。这种特征在当前社会经济高速发展的情况下和科学技术不断更新的情况下越来越明显。当前，对于教师专业发展而言，整合和延伸传统的"教师在职进修"和"师范教育"已成为一种趋势。从本质上讲，"教师在职研修"是一种基于现代社会对人的要求而产生的新型的学习方式，具有很强的针对性和实践性。对于职业教师而言，教师的专业成长是一个贯穿整个职前和职后的过程，呈现出教师专业成长的一体化趋势。它既包括对在职前教师进行系统的知识传授和技能训练，又包含对在职后教师进行有针对性的继续培养和指导。在一体化的进程中，将职前和职后的培训融合为终身学习，以确保教师专业素养的提高，并为教师专业化的发展提供了优越的物质和制度条件。我国目前的中小学教师继续教育模式是一种以在职培训为主、脱产培训为辅的新型教师教育体系。这一教育体系具有远见卓识，为未来的教师培养提供了明确的方向和指引。

有些学者将一体化理解为三个层面：一是学历教育与非学历教育的融合，即职前、入职和职后培训的无缝衔接；二是教师教育一体化；三是实现师范大学与中学之间的紧密合作，将教学研究与教学实践无缝融合，形成一体化的伙伴关系。作者认为，上述三种观点都存在着一定的问题，而以教师专业化为视角来研究教师教育一体化是比较合理的选择。以教师教育一体化的理念为指导，整合职业教育教师的培训和培养工作，以促进教育教学质量的提升。为了实现教师专业终身发展的整体目标，必须进行全面的规划和培育，协调机构功能，建立完善的课程系统，并改进教学方法，这不仅需要观念的不断更新，更需要制度的不断创新。

推进教师教育的一体化发展是改革教师教育体制的重中之重，而实现这一目标的关键在于实现教师教育机构的无缝衔接。教师教育机构要想实现这一目标必须以"专业"为中心，建立一种全新的办学理念，实行一体化的管理方式和教学形式。职业教育的一体化核心在于将教师的成长视为一个不断延伸、完整的过程，在这个过程中，教师可以接受连贯、系统的培训和教育，从而在整个职业生涯中不断提升自己的能力和素养。整合教师的职前和职后教育，以激发其终身学习的意识，并不断提升其专业化水平。

职业教育教师教育体系的建设不是短时间内可以完成的，是一个系统的建设过程，在我国，教师教育一体化的目标具体如下。

一是需要打破师范教育管理体制中的条块分割，明确各部委与地方对师范院校的领导关系，并建立一个统一协调的领导体制，从而形成一个内外融通、上下结合的教师教育网络。

二是建立起互联互通的职业教育教师教育机构体系，将职前教育与在职教育、职后教育相连接。解决职前培养与在职培训、职后提升的不连贯、不衔接问题，解决不同的教育机构有各自的教育模式问题。

三是对于职业教育教师教育的内容进行统一的规划和设计，从整体上考虑职前教师的培养、在职教师的培训以及职后教师的提升阶段的教育问题，立足于整体考虑培养的目标、教育内容、课程机构以及教学方式方法等。

四是在同一的规划下，进行调整，对于之前分别承担职前培养、在职培训的力量进行调整，组建起一支既相互合作又有侧重的、相互融合的职业教育教师教育师资队伍。

综上所述，我国的职业教育教师教育的一体化的改革是在我国当前教师教育中出现机制机构各自为政、职前职后隔离、教育内容重合、不合理配置资源的现状下提出的，主要的依据是终身教育的思想以及教师专业发展理论。职业教育教师教育的一体化的改革期望对教师的职前、入职以及职后教育进行全方位的衔接，建立起相互连接又有所侧重的职业教育教师教育体系。

（2）形成整合化的职业教育教师教育结构

我国的职业技术师范教育自 20 世纪 70 年代末以来为我国中等职业教育事业培养了很多的专业师资，为职业教育的发展做出了突出的贡献。如果没有职业技术师范教育的推动就没有职业教育的发展，尽管如此，我们应该担负起推动职业教育教师教育结构的整合，进行创新和发展。

要推进职业教育教师教育多元融合结构，在职业教育中运用更多优质资源对教师进行培训，职业教育教师选拔范围不断扩大。近些年，关于我国教师职业教育发展方向，有三种具有代表性的观点和主张。第一，我国职业教育要与国际接轨，实行全面开放的职业教师培训模式。第二，坚持职业教育教师教育设置"纯师范"教育体系。第三，我国职业教育体系应逐步从定向型向开放型进行过渡。基于以上论述，需要将职业教育教师教育的专业化作为导向，着力提高教师职业教育质量，转变培养的模式，构建适应时代要求的职业教育教师知识技能体系，改革教育教材，实现学科水平与教育水平的同步发展与提高，进一步提高职业教育教师的专业水平和能力。

长久以来，困扰我国教师教育发展的重要一环就是经费的不足问题。职业教育市场的开放为此提供了契机，职业教育的投资主体发生了变化，由之前的单一的政府投资转为多元化的投资主体，这已经成为职业教育教师教育的发展趋势。对于经费问题，应该建立起政府拨款为主，个人、企业、社会共同参与的多元投资体制，形成政府统筹与职业院校自我调节的资源配置机制，这将是中国职业教育教师教育在现阶段乃至较长时间内解决资金投入问题的最佳模式。

（3）建立三元合作的职业教育教师教育模式

对于职业教育教师教育这个问题来说，不仅是理论问题更是实践问题，对于职业教育教师教育来说，专业化最终会走向实践。理论与实践相结合产生了职业教育的培养模式，培养模式也成为职业教育教师教育理论应用于实践的重要纽带和桥梁，成为构建专业化取向的职业教育教师教育的重要一环。

当前职业教育教师教育的培养模式有利有弊，针对出现的弊端，我们吸收和借鉴美国专业发展学校的成功经验，可以采取三元合作，即大学、职业院校、企业的培养模式。这里的三元合作并不是指之前的职教师范生到职业院校中进行实习，也不是到企业进行实习，主要是利用好大学、职业院校、企业这三方的教育资源，让这三方成为教师教育的主体，对职业教育教师进行联合培养，共同合作的一种培养模式。对于职业学校和企业来说，不仅需要参与职业教育的培养目标的制定、教学计划的制定以及课程的开发，还需要参与职业教育教师的培养。

在我国，职业教育教师教育的重要培养目标为打造"双师型"职业教育教师，让教师成为复合型人才，打造可以实现理论与实践相结合的教师，这就要求教师具备较强的实践能力、组织管理能力、创新能力，因此，只有教师深入到一线才能不断提高自身的动手能力，培养创新精神，成长为"双师型"教师。

三元合作模式最大的优势在于可以为职教师范生提供更多更丰富的实践机会，提高职业能力和水平。职教师范生到企业实践，并非简单参观，走个过场，而是深入生产的时间，对整个的生产流程进行了解，企业也需要派出具有经验的人员和技术人员对学生进行指导，保证学生在企业的实践过程中可以获得更加专业的成长。在英国政府实施"以学校为基地"的教师培养模式中，强调学生必须在至少两所学校中接受教育，这样才能深入了解和明确实践的复杂性和丰富性。在处理不同的教育教学事件时，学生可以从事件中总结出具有普遍性的概念，并与其他同学、职业学校导师、大学导师分享经验，探讨不足，反思自我，不断成长，获得更专业的能力和知识。在职业技术高师的教育体系中，对于临床实践教育的重视程度应当与医科教育不相上下。为了提高学生的职业能力和适应社会的能力，我们应该深入到基地学校和企业进行生产实习和社会实践活动，以便更好地培养学生的职业素养和社会适应能力。同时也要注重加强理论联系实际，使学生更好地掌握专业知识，增强其就业竞争力。其次，基地学校作为教育教学实践科研的场所，为学生提供了定岗从事教学和管理工作的机会，让他们在实践中不断锤炼专业技能和实践能力，从而不断提升自身的专业素养。

在企业实践中，师范生需要将专业理论与实践有机融合，充分发挥自身所掌握的专业知识，与老师协同合作，为企业提供技术支持，积极参与企业的科研活动，推动企业蓬勃发展，实现持续繁荣。这就要求师范生不仅要掌握相关的专业技能和知识技能，还要有较强的沟通能力以及团队协作精神等方面的综合素质。当然，与职业学校的合作也应该是这样的，职业学校应该为师范生提供符合他们需求的教学法等课程，而非仅仅挑选优秀的教师进行指导实践，让师范生在实际中观摩教学，学校为其提供案例进行参考。师范生应该参与学校的教育教学活动，对各个年级的具体情况进行了解和熟悉，在这个过程中可以承担一定的工作量，以此来熟悉整个的教育教学，也可以让学生具备更加全面和系统的教学专业实践经历。在实践过程中，职业教育教师与大学导师、职业学校导师共同分享实践经验，不断进行反思，从而推动自身教育专业的不断完善。要提升职业学校教育教学的品质，必须不断探索创新，不断提升教学方法和水平，这也需要大学的指导与帮助，大学可以为职业学校的教师提供职后的提升培训，保证长期稳定的合作，同时也可以为师范生的专业成长和职业教育教师的提升和发展营造良好的、专业的环境。

（4）建构三性融合的职业教育教师教育内容

在职业教育教师的成长过程中，需要将教育性、学术性和职业性这三个要素有机地融合在一起，以形成一个有机的整体，这三种要素相互联系，相互促进。职业教师的培养是一种将专业技能、多元化思维和全面发展有机结合的教育方式，旨在培养教师的多方位能力，使其成为多才多艺、全面发展的人才。

第一，教育性。在职业教师的培养过程中，主要注重提升教师的教育教学素养，包括但不限于教学实践能力、教学策划能力、教学评估能力以及职业教育课程开发能力。

在进行职业教师的培养过程中，必须强调教师的教育性质，以确保其能够为学生提供高质量的教育。职业教师具有特殊的专业性。作为一名职业教师，需要遵循一定的教育教学规律，运用职业科学、职业教学论、社会学、心理学等原理进行教育教学，以科学的方法传授职业技术知识和技能，从而培养出符合社会需求的职业技术人才，这是其主要工作职责。教师自身素质高低直接影响着教学质量，因此提高教师的专业化水平非常有重要。教育性学科是教师职业专业的重要支柱，而教师的专业素养则主要体现在其专业理论素养的高超水平上。

第二，职业性。所谓的职业性主要指的是对职业教育教师培养的侧重点在于培养教师的职业能力，这个能力包含以下几个方面：一是教师对于职业活动的了解，二是教师对于职业活动所涉及的技能和知识的掌握与灵活运用。在职业教育专业化的过程中应该突出职业教师培养的职业性，在专业化的过程中，有一个支撑体系就是职业技术科学。职业技术科学的主要侧重点在于注重职业活动的完整性，不是强调学科的完整性主要是对职业劳动过程和劳动的内容的专业技术体系进行反映。在职业教育体系与工程教育体系之间有一定的关联性，在职业教育教师的培养中应该对教师的技术科学知识和实践能力进行培养。作为职业教育的教师应该对企业的文化有一定的了解，对企业产品的技术含量、工艺路线、生产流程以及岗位人员的权责等进行明确和掌握。

第三，学术性。学术性主要指的是在对职业教育教师的培训过程中，注重培养教师的文化底蕴、基于实践的科研能力、深厚的学科基础，强调教师培养的学术性和专业性。在培养教育性和职业性的基础上，让教师具有深厚的文化底蕴和扎实的学科基础，保证教师在之后的执教实践中获得自我发展的能力，树立终身学习的理念，不断适应社会的发展和变化。与此同时，在整个的培养过程中保证教师对企业的新技术有所了解，了解学科的前沿资讯，保证教师在学科领域具有广阔的视野。作为专业的教师，教师还需要具备一定的专业科研能力，教师只有具备丰富的实践，才能将这些实践经验升华、提炼为理论，保证在科研上具有很强的优势，教师基于实践的研究对于解决实际问题也有着其他专家不可替代的作用。因而，在教师培养中应该重视对教师科研能力的培养，不断提升教师的科研能力，引导教师对工作进行探析和反思，鼓励教师之间进行学术交流。

第二节　加强人才培养的教育体制机制

职业教育是跨界的教育。产教融合、校企合作是职业教育的本质要求和基本特征。中国采用以学校为主体的职业教育办学形式，行业企业的深度融入是办好职业教育的"牛鼻子"。多年来，中国职业教育不断探索行业企业的深度参与，职业教育集团化办学和现代学徒制人才培养模式的探索是职业教育校企合作体制机制创新的两大亮点。

一、中国特色现代学徒制

现代学徒制是将传统学徒培训与现代学校教育相结合的一种职业教育人才培养模式。现代学徒制是职业教育深化产教融合、校企合作，推进校企协同育人、切实提升职业教育人才培养质量、切实提升企业发展质量、促进校企良性互动的重要途径。学徒制在历史上曾长期作为发达国家提升员工技能的重要途径，如今，现代学徒制正在全球范围内焕发出越来越强的生命力。学徒制在我国也有长期的实践和探索。如今我国经济转型增质提效对技术技能人才需求迫切，开展现代学徒制有利于促进行业、企业参与职业教育人才培养全过程，实现专业设置与产业需求对接、课程内容与职业标准对接、教学过程与生产过程对接、毕业证书与职业资格证书对接、职业教育与终身学习对接，提高人才培养的质量和针对性。因此，我国加快了对职业教育学徒制的探索。

（一）发展现状

一是在国家政策引领下，地方高度重视。多个试点单位，如吉林市等7个试点地区，成立由主管教育副市长担任组长、多部门共同参与的领导小组，建立定期联席会议制度，解决现代学徒制试点过程中的重大问题。地方教育主管部门大力推进现代学徒制试点工作：广东、四川、云南、吉林、安徽、山东6个省份印发了实施意见，浙江、江苏、福建、湖北4个省教育厅下发了试点通知，吉林市、辽源市、无锡市、杭州市、嘉兴市、湖州市、荆州市、长沙市、湘潭市、佛山市、中山市、柳州市、成都市、咸阳市、青岛市15个试点地区设立，联合国家发改委、财政部、国资委、人社部等部门，从紧密结合地方产业发展需求、推动产业结构调整等方面出发，联合下发关于推进现代学徒制试点工作的实施意见，完成了省级、地市级的方案设计和布局。

无锡市建立了以政府秘书长为组长，由教育局、发改委、经信委、财政局、人社局、企业、教研机构、职业院校共同组成的工作小组，明确部门分工与职责，政府主导，行业企业及职业院校参与，围绕无锡市打造现代产业发展新高地的战略目标，聚焦重点产业，依托大中型企业开展现代学徒制试点。

湖州市积极探索现代学徒制"334"模式，即政府、企业、学校"三元管理"，在校学习、轮岗实训、顶岗实习"三段教育"，学生、学徒、准员工、员工"四位一体"，培养合作式、分段式、递进式培养人才。湖州市先后印发《中职学校现代学徒制试点工作实施方案》《深入开展现代学徒制"334"模式实践与研究方案》《关于深入推进现代学徒制试点工作的若干意见》等，不断完善顶层设计，推动试点工作向纵深发展。

二是现代学徒制推进了产教融合的深度和广度。完善"招生即招工、入校即入厂"的招生招工制度，规范了职业院校招生录取行为和企业用工程序，促进了学生就业；进一步发挥企业重要办学主体作用，加大人力、财力、设备、场地等的投入，实现校企双主体育人；校企共同落实人才培养过程，人才培养方案由校企联合制定，教学过程由教师和师傅"双导师"共同承担，学生考核由校企共同完成。

三是现代学徒制的相关管理制度与规范标准逐步建立。试点单位积极建设基于典型工作过程的专业课程体系，开发基于岗位工作内容、符合国家职业资格标准的专业教学内容和教材，包括课程标准、岗位标准、企业师傅标准、质量监控标准；紧扣现代学徒制特点，采取灵活、适宜的教学管理方式，实施模块教学，依据岗位需要开发学习模块；制定学徒学业合格标准、刚柔相济的学徒制教学管理制度等等。

广东省依托高职教育现代学徒制工作指导委员会，由广东建设职业技术学院基于"互联网＋"的理念，开发了集企业信息发布平台、岗位申请平台、学籍注册平台、教学管理平台、资源共享平台、考核与评价平台、分析改进平台于一体的"现代学徒制智慧平台"，加强日常管理和绩效管理。

天津现代职业技术学院携手天津海鸥表业集团有限公司，共同制定企业教学标准、学校教学标准、师傅聘用标准、师傅考核标准、学徒出师标准等，用标准确保了现代学徒制人才培养质量。

四是现代学徒制的成效局面初步显现。部分试点实施现代学徒制，成功调动企业参与职业教育的积极性和主动性，在缓解企业转型升级过程中的招工难和高素质技术技能人才缺乏的难题的同时，切实促进学校与企业、专业与产业、学习场所与工作场所、学校导师与企业导师全方位融合，提升了职业教育的质量和水平。

徐工集团在与徐州工业职业技术学院的合作中，逐步形成了以企校"四共建"实现学生"三转变"为特点的机械类专业现代学徒制"徐工模式"，满足了徐工集团及其上下游产业链企业对高素质技术技能人才的需求，同时也为学校深化工学结合人才培养模式改革、提高人才培养质量做出了贡献。

（二）发展趋势

中国现代学徒制总体来说还处于探索阶段。从制度的设计思路来看，中国现代学徒制有如下趋势。一是完善现代学徒制的制度建设。例如，研究出台诸如投入专项资金、对实施现代学徒制的企业减免税收等优惠鼓励政策；建立完善现代学徒制的人才培养成本分担机制；打破现有教师编制和用工制度的束缚，建立教师流动编制或设立兼职教师岗位。二是进一步完善学徒制的标准。标准是现代学徒制人才培养质量的保障，完善的标准可以作为学校的标准。三是探索不同主体办学的现代学徒制模式。目前，教育部确定的试点牵头单位分为四种类型：地区、行业、企业、学校，以期不同类型的试点能够充分发挥牵头单位的优势，分别从政策、行规、运行、管理等方面为保障和发展好现代学徒制，积极探索经验。

二、中国职业教育集团化办学

职业教育集团化办学是以职业教育集团为组织基础的办学行为。职业教育集团是指由多个具有独立法人资格的组织机构组成，以协议、资产等形式为联结纽带，以集团章程为共同行为规范，以合作开展人才培养培训、技术技能积累、社会服务活动等为主要任务，以提高教育质量，提升人力资本素质，促进产教融合发展和协同创新为目的的合作办学组织。政府大力倡导推进、基层大胆探索中国职业教育集团化办学，为深化产教融合、校企合作，推进校企资源共享，健全职业院校治理结构探索了有效的实现路径。

（一）职业教育集团化办学的重要意义

职业教育集团化办学以集团为平台，由政府宏观指导、理事会主导，职业教育院校、行业企业广泛参与，创新了职业教育"中观"的管理体制。在职业教育办学上，职业教育集团化办学构建了产教融合的办学机制，促进了专业设置与产业需求对接，促进了课程内容与职业标准对接，也促进了教学过程与生产过程对接，发挥了内部成员的对口效应，推进了中高职有机衔接。职业教育集团化，是政府鼓励行业企业参与职业教育的一个抓手，也推动更多的龙头企业投入职业教育，使职业学校的办学实力不断增强。从社会受益的角度，职业教育集团化办学搭建了政府、学校与行业企业互利共赢的平台。

（二）职业教育集团化办学的问题与建议

职业教育集团化办学取得了显著的成绩，但仍然处于成长阶段。

一是外部条件有待改善。国家层面推进集团建设与集团化办学的实质性鼓励政策尚未出台实施，部分地区虽然相继出台了示范集团建设等专项扶持政策，但大部分集团尚缺乏良好的外部环境。建立健全集团化办学的国家制度，出台和落实职业教育集团化办学的指导意见，明确职业教育集团化办学的目标任务与实现形式，以指导全国开展职业教育集团化办学，这有助于使之成为中国职业教育发展的重要模式。

二是组织架构有待健全。大多数职业教育集团是在传统合作关系基础上经牵头单位发起而成立的，集团成员单位良莠不齐，组织体系较为单一，上层未设立由政府及产业管理部门广泛参与的协同指导机构，难以较好发挥政府协同指导作用；下层未建立开展具体合作的协商组织，成员之间较难建立以资产为纽带的稳定合作关系，致使成员单位之间的合作大多处于浅层次、低水平状态。因此，需要建立起健全的组织体系，从而实现"利益共享、责任共担、合作共赢"。

三是制度建设有待健全。一些职业教育集团章程制定草率，内容过于简单，难以起到章程的应有作用；配套制度建设滞后，许多集团还没有明确的考核激励制度和退出机制，约束力有限，常态化的工作机制尚未形成，需要制度建设规范化。

第三节　加强人才培养的政策支持

本书基于已出台的高等职业教育人才培养这一政策背景，旨在为高等职业教育人才培养探索出一条可行之路。高等职业教育人才政策创新主要通过完善人才培养体系、优化人才培养专业、丰富人才培养课程、创新人才培养机制四个方面进行探索，以达到出人才、出成果的目的。

一、完善人才培养体系

高等职业教育人才培养主要由职业教育类型来培养完成，其完整体系本身包括初级职业教育、中等职业教育、高等职业教育和应用型本科教育等多个层次。目前具有中国特色的培养高等职业教育人才职业教育体系已基本形成，但整个体系有待进一步完善，各层次的培养目标有待进一步明确。面向2035年，我国应该进一步构建完善高等职业教育人才培养体系，主要可从以下几个方面进行。

一是规范和完善初等职业教育系统。进一步加大乡村职业中学、职业培训机构的建设力度，加大远程职业教育培训网络和资源的建设力度，增加和丰富教育及培训内容，规范教育及培训标准，提高教育培训质量，为农村脱贫、乡村振兴、提高我国农村人口素质及和谐社会构建提供有效保障。

二是规范和完善中等职业教育系统。进一步加大职业高中、技工学校和中等职业院校的建设力度，加大政策配套支持和宣传的力度，提高社会对教育新理念和新政策的认识，促进中等职业教育占高中阶段教育一半以上的发展和稳定，为职业技术教育可持续发展奠定基础，为人力资源强国建设和应用型人才培养奠定坚实基础。

三是提高高职高专教育质量。高等职业教育院校数已占普通高等教育的一半以上，在校生规模接近一半，已成为高等教育的"半壁江山"。当前，落实《教育部办公厅关于建立职业院校教学工作诊断与改进制度的通知》任务，坚持"需求导向、自我保证，多元诊断、重在改进"的工作方针，真正转变人才培养模式和提高人才培养质量，切实办好人民满意的具有中国特色的高等职业教育。

四是扩大本科院校举办高职本科的规模。高职本科也称应用本科，是高等职业教育类型中的本科层次，它由本科院校的职业技术学院的相关本科专业来实施，同一般普通本科相比具有鲜明的技术应用性特征，是以培养高素质的技术开发应用型人才为目标，是兼具工程教育和技术教育并侧重技术教育的本科层次的职业教育。一方面，在基础好、有特色的国家示范高职院校开设应用本科专业，招收专升本学生；另一方面，在应用型本科院校开设高职本科专业，对口招收中职学生学习。

五是深化改革本科高校专业研究生的培养模式。进一步深化现有研究生教学管理体制和人才培养模式，将专业硕士的培养引导向高素质复合型应用型人才方向发展，在此基础上尽快研究设计构建专业博士的培养框架，努力构建高素质复合型应用型人才的完整培养体系。

二、优化人才培养专业

在我国颁布的高等职业教育政策文件中，明确提出要调整人才培养政策，优化人才培养的专业。优化人才培养专业主要从以下几个方面进行。

（一）更新专业建设理念

一是要突出专业培养目标的职业性。要以生产环节、工艺流程、工作程序为教学环节，从教学过程上突出职业性；以专业、课程模块为教学特征，从形式上突出职业性；以企业工学结合为重要实践环节，从培养环境和要求上突出职业性。二是要突出学生在专业建设中的主体性，将学习的主动权交给学生。要创设情境与氛围，为学生展示自我、发现自我和发展自我提供足够的时间和空间。三是要突出专业教学中的实践性。增加操作性、综合性实践，增加生产性、顶岗性实训，以突出教学内容的实用性、实践性。

（二）创新专业设置，优化专业结构

一是以市场需求为导向调整专业结构。壮大优势专业，扶持潜力专业，整合近似专业，建立专业群，机动灵活地调整专业方向，形成"同心多角"的专业分布格局。二是专业设置要贯彻以就业为导向的原则，以就业性要求确定培养目标。由于高职院校所培养的人才具有较为明显的职业定向性和针对性，因而不同专业要根据具体情况，进行职业分析，确定其具体的知识、能力结构和职业素质要求，将各专业培养目标进一步具体化、个性化。

（三）打造高素质的教师队伍

一是要积极实施"人才强校"战略，加大专业带头人、教学名师培养力度，努力提高教师的学历层次和知识技能水平，外聘专家、学者、工程师到职业院校兼职任课。二是教师要用新的教育理念、教学内容、教学方法和手段去适应学生要求，体现职业教育的时代性；要主动适应职业岗位能力要求的变化，随时更新培养内容，体现职业教育的先进性。三是要把建设"双师型"教师作为职业院校师资力量建设的重中之重。要采取措施使专业教师熟悉生产环节，丰富实践经验。专业教师要结合学生的企业实训进行指导，参与企业技术研发，参加企业科研实践，掌握实践技能。

（四）坚持产学结合，强化职业能力训练

构建以开放性、实践性、市场性为特征的"校企结合、工学结合、虚实结合"的产学合作教育模式和教学形式。校企双方共同制定培养计划，实施人才培养。

在企业建立与学院相同的教室，企业教师与学校教师交替授课，实践课教授全部在车间进行，利用现代教育技术创设仿真模拟操作软件的虚拟实训。

（五）创建专业特色

要坚持以就业为导向，以专业建设发展规划为依据，以人才培养模式改革为核心，全力实施重点专业、特色专业发展战略，重点培育与地方（区域）支柱产业、优势产业、新兴产业密切相关的专业，以特色专业的发展带动高职院校办学特色的形成。

（六）改革专业管理，提高教学质量

一是应不断完善院系两级专业管理体制，院级严格审查专业设置条件，把握专业建设方向；系部负责专业建设的规划与实施，提高专业建设的质量和水平。二是要健全和落实教学质量保证和监控体系，严格各教学环节的日常监督检查，完善教学评价体系和教师评价办法。

三、丰富人才培养课程

经济转型和社会变革对职业教育人才培养提出更高的要求，不仅原有的专业设置受到挑战，且传统的课程体系也遇到新的问题，由此，需要在高等职业教育政策的基础上，充分发掘内、外部资源，进而构建切实可行、科学合理的人才培养课程。

（一）遵从教学规律，完成基础课程升级

在高等职业教育院校的日常教学中，学生是高等职业教育水平、质量提升的主体。只有掌握学生的心理变化规律和职业生涯规划的基本情况，才能为学生设计并构建出符合其实际需要的基础课程。正如学校在学生的日常管理、培训及心理健康引导方面具有重要权责，只有真正建立起符合企业岗位职业技能、知识需要的教学协同机制，才能真正实现高等职业教育院校基础性课程的教学一体化建设。

高等职业教育院校的基础性课程主要指基础知识、文化水准、理论等的高等职业教育课程。作为相对定型、相对成熟、相对稳定的教学体系，基础课程体系

的优化可以尝试使用水平统测、教考分离的方式来提升教材规划和编制的水平及质量。因此，在基础性课程体系优化时，需要基于高等职业教育院校学员的实际学习情况进行设计和构建。基础型课程在实践时，需要按照基础知识的系统性和严谨性来实施准确、科学的教学方法，具体可以高中教学要求为基准，按照职业技术教育专业的人才培养需要来进行课程体系的调整，以提升学生学识水平、专业素养，并夯实其专业基础等。

（二）适应岗位需求，完成专业课程优化

专业性课程体系的优化可鼓励行业或者学校的教育指导委员会共同编制专业教材，或邀请教学水平较高的院校联合编写教材，要求行业教学指导委员会推荐等。除基础性课程必须按照企业岗位设置的需要进行针对性教学外，高等职业教育的专业课程设置和优化同样需要遵从此项要求。在具体设计时，可融入职业教育的特性，面对行业、产业、岗位的要求尝试调整专业课程教学的内容和形式。

在面向社会方面，专业课程的设置和优化需要坚持遵守开门办学、开放办学、适应社会需求、自觉研究的原则，以提升专业课程的社会适应性。在面向行业办学方面，专业课程的设置和优化需要立足产业和行业发展的基本要求，不断调整、开设、优化、更新专业设置，以调整专业人才的培养方向和体现高等职业教育院校的办学特色、区域特征及职业教育的实践性要求。对于岗位设置的需求，在主干核心课程等方面的设置，专业课程的设置和优化必须立足产业和行业发展中岗位动态变化的情况，需要强调实践和理论知识的紧密联系性，如将情境教学、理论教学、案例教学三者相结合，以提升教学的针对性和有效性，并按照岗位的技艺、岗位的工作流程、岗位的与时俱进性等，进行课程体系的调整，以做到课程体现教学、学用一致、知行统一、实践检验知识及知识指导实践。

（三）提升技能水平，完成拓展课程转型

高等职业教育院校的教育特性决定了其教学具有极为明显的职业性，在具体进行丰富课程时，需要从一线岗位对学生专业技能的需要角度入手，着重强调一线岗位需要的技能、动手操作能力等的对应性教育。考虑到高等职业教育院校的教育需要以技能的培养和对应操作水平的提升为目标，因此，课程本身可与专业

性考试相挂钩，尝试构建拓展型课程架构，以提升课程体系的质量。由此，在教学项目设计和教学内容的统筹研究方面，可结合职业岗位和行业企业所需要的技能操作证书、职业资格证书考核要求，安排相应的考核、教学、训练等。在技能操作方面，可使用课内知识和技能培训与课外自练相结合的方式，完成教、学、练三者的统一，提升学生的技能水平。

四、创新人才培养机制

高等职业院校的人才培养需要构建相应的机制，需要充分认识和把握企业发展和高职教育发展的规律，使人才培养满足社会需要、符合国家政策。从当前高等职业教育发展来看，合作机制的构建需要重点解决"一头热、一头冷"、创新平台搭建、高职院校民事行为能力差、行业组织缺位等问题。

（一）构建动力机制

动力机制是维持校企合作活动持续进行的前提和条件，因而是合作机制的核心内容。目前的校企合作活动一般是由校方发起，动因是人才培养活动能够适合企业发展需要。但是，校方的动因常常不能得到企业的积极响应，出现"一头热、一头冷"的单向性作用现象。校企合作的原始动力应该来源于校企双方促进生产方式转变的理性诉求，形成双方认同的价值观，将企业的长远发展与学生的终身职业发展相协调。因此，要构建校企合作的动力机制，当前需要抓住三个主要因素。

一是全面提高人才培养质量。高职院校的人才培养需要考核两种满意度：首先是用人单位满意度，其次是学生满意度。只有人才培养质量满足企业的需求，企业才有可能主动地参与到人才培养过程中来，并接收更多的毕业生。因此，质量是实现学生就业的根本保证，也是开展校企合作的基础。

二是提升高职院校服务功能。开展有效的技术服务，是密切校企联系的重要纽带。通过技术服务，可以让企业更好地认识高职院校的办学实力，认可职业院校的人才培养质量。技术技能积累和创新与人才培养是相辅相成的，技术技能创新可以提高人才培养的针对性和有效性，人才培养又为技术技能积累提供了可靠保证，二者都是职业院校必不可少的功能。提高社会服务能力，合作培养与合作研发一起进行，这对高等职业院校教师的素质提出了新的要求，教师数量和结构也会发生较大变化，这就要求政府在整体上加大高等职业教育的办学投入。

三是完善校企合作相关制度。要使校企合作不断走向深入，就需要建立一种相互沟通、相互理解、相互促进的长效机制，实现价值观的趋同。从高职院校的角度，需要以合理的内部治理结构保障企业的知情权、建议权、评价权，同时在专业设置、课程设置、招生就业等方面悉心倾听企业意见，了解企业需求，决不能等遇到困难的时候再寻求企业帮助，更不能将企业参与看作是企业义不容辞的责任。

总之，高等职业教育不是单靠职业院校一方就能办好，高职院校需要先把自己的位置摆正，并真心把企业看成合作伙伴，多想着企业的需要，合作办学、协同培养人才也就容易了。

（二）创新人才培养的平台

为了使教育部《职业学校校企合作促进办法》有效落地，尽快进入校企合作的"蜜月期"，职业院校需要采取以下措施。

一是转观念。职业院校应该尽快摆脱计划经济体制下形成的僵化观念，将企业视作人才培养的平等主体，主动为企业转型升级服务。院校既然已经认识到一线人才培养是校企双方的共同责任，那就应该对企业"高看一眼、厚爱一层"，真正建立起伙伴关系。幻想通过合作在企业"捞好处"，受伤的只能是职业教育，受害的只能是职校学生。在校企合作活动中，企业和学生发展是合作的依据和中心，职业院校必须摆正自己的位置。

二是搭平台。校企合作是一台大戏，不是街边的广场舞。职业学校与企业合作开发专业、课程、教材，培养师资队伍，建设实习基地，这些都不是一劳永逸的，需要根据就业市场需求长期进行下去，客观上需要一种稳固的合作机制。在全面依法治国的大背景下，组建校企共同参加的职教集团法人实体机构，强化职教集团的民事行为能力，是深化校企合作的必然选择。政府应该进一步明确职教集团对校企合作活动的规划、组织、协调、监督和服务等职能，赋予集团实施校企合作协议注册、修改和废止的权力，让职教集团成为中国特色职业教育和培训体系的重要组织形式。

三是挂牌子。职业教育是学校和企业的"二人转"，不是职业学校的"独角戏"，但要让企业进入育人角色，仅靠一纸文件还不够。职业学校应该围绕服务"中国制造 2025"、京津冀协同发展、乡村振兴等国家战略，根据区域产业发展需要，选择一批社会信誉好、技术和管理水平高、用人需求强的骨干企业，共建生产经营与人才培养兼顾的教育型企业，给企业应有的"名分"和待遇。

四是定标准。校企合作是在产业转型升级基础上的高位合作，是校企双方发展动力转换的重要措施。校企合作活动应该符合双方的共同利益，并承担起必要的社会责任。为了提高合作效果，需要校企联合制定学员招录标准、师傅资格标准、学校和企业课程标准、教学场所标准等，克服合作活动的随意性、盲目性和无效性。标准的作用是约束校企双方的行为，使得合作活动符合双方的长远利益，同时又不损害第三方的利益，在标准的制定过程中，应该充分听取学生代表的意见。

创新型高等职业教育人才培养需要以学校为主体，加强专业建设，丰富课程体系，提升师资力量；依靠政府统筹规划，加强现代职业教育体系建设；发挥企业、行业职业的指导作用；同时在合作共赢的基础上丰富企校合作的形式，只有做到内外兼修，才能在已有政策的基础上实现创新培养人才这一目标。

参考文献

[1] 邓泽民 . 职业教育教学论 [M]. 北京：中国铁道出版社，2012.

[2] 皮连生 . 学与教的心理学 [M]. 上海：华东师范大学出版社，1997.

[3] 鄂美娜 . 教育技术学 [M]. 合肥：安徽教育出版社，2004.

[4] 万伟 . 新课程教学评价方法与技术 [M]. 北京：教育科学出版社 2004.

[5] 张明兰，丁详坤 . 优化课堂教学方法丛书：教学方法运用技能 [M]. 北京：中
    国人事出版社，1998.

[6] 耶美娜 . 教育技术学 [M]. 合肥：安徽教育出版社，2004.

[7] 邓泽民，韩国春 . 职业教育实训设计 [M]. 北京：中国铁道出版社，2010.

[8] 吕建国 . 职业心理学 [M]. 大连：东北财经大学出版社，2000.

[9] 万伟 . 新课程教学评价方法与技术 [M]. 北京：教育科学出版社 2004.

[10] 姜大源 . 职业学校专业设置的理论策略与方法 [M]. 北京：高等教育出版社，2002.

[11] 曹灿 . 基于教育培训行业的客户关系营销 [J]. 现代营销（下旬刊），2017（09）：
    73-74.

[12] 褚铁力 . 国务院印发《关于加快发展现代职业教育的决定》[J]. 基础教育论坛，
    2014（29）：57.

[13] 杜怡萍 .1+X 证书制度实施的要件、挑战及策略 [J]. 教育学术月刊，2020（04）：
    35-41.

[14] 菲利普·科特勒 . 科特勒 10 月北京布道：营销的未来 [J]. 销售与市场（管理
    版），2019（11）：18-22.

[15] 高沛，刘学伟，刘凤娟 . 在线教育的 SWOT 分析及发展战略探究 [J]. 中国教
    育信息化，2017（16）：1-4.

[16] 陈琳，王钧铭，陈松 . 教育信息化 2.0 时代的职业教育创新发展 [J]. 中国电化
    教育，2018（12）：70-74.

[17] 张宁珊，阚阅.欧洲经社委员会呼吁将绿色技能融入教育 [J].上海教育，2021（11）：46-47.

[18] 刘育锋.高职院校应关注和开发"绿色技能"[J].中国高教研究，2014（01）：35-37.

[19] 何顺超，刘将."互联网＋教育"浪潮中教师教育理性的偏向与复归 [J].中国教育学刊，2019（04）：73-77.

[20] 和震，李玉珠.基于《国际教育标准分类法（2011）》构建中国现代职业教育体系 [J].首都师范大学学报（社会科学版），2014（03）：127-135.

[21] 于禾.高等职业教育与创新型城市协同发展研究 [D].南京：南京邮电大学，2022.

[22] 颜怡.产教融合政策背景下本科职业教育人才培养机制优化研究 [D].南昌：南昌大学，2022.

[23] 赵振.高等职业教育视角下企业大学教学质量提升策略研究 [D].上海：华东师范大学，2022.

[24] 董佳琦.取消普职分流背景下吉林市职业教育发展研究 [D].长春：吉林大学，2022.

[25] 李成龙.我国高中阶段普通教育与职业教育收益比较研究 [D].大连：东北财经大学，2022.

[26] 邹文.四川省政府推进职业教育产教融合的问题研究 [D].成都：电子科技大学，2022.

[27] 田佳.职业教育人才培养对经济增长贡献分析 [D].南昌：江西科技师范大学，2022.

[28] 卓红.成都市职业教育校企合作中的问题与对策研究 [D].成都：四川大学，2022.

[29] 司舒瑶.江苏高等职业教育协同发展与运行机制研究 [D].淮南：安徽理工大学，2022.

[30] 徐娜.济南市中等职业教育发展中政府行为问题的研究 [D].济南：山东大学，2022.